스마트
오피스

스마트
오피스

이병하 · 박세정 · 조현국 지음

스 마 트 하 게
일 하 기 위 한
첫 번 째 전 략
공 간 ★ 혁 명

민음인

차례

스마트한 세상의
스마트하지 않은 오피스

최근 수년 동안 스마트 폰, 스마트 TV, 스마트카드, 스마트 키, 스마트 홈 등 '스마트'라는 단어가 붙은 제품과 서비스가 많이 등장하였다. 정부에서도 ICT 즉 정보 통신 기술Information & Communication Technology을 활용하여 시공간의 제약을 받지 않고 원격 업무 처리가 가능하도록 관련 인프라를 정비한다는 내용을 주요 골자로 한 스마트 워크Smart Work라는 용어를 자주 언급하기 시작하였다. 정부가 제시하는 '한국형 스마트 워크 모델'에 따르면, 원격 근무를 할 경우 수도권에서는 일일 90분의 출퇴근 시간이 절약되고, 사무직 860만 명이 참여하면 연간 111만 톤의 탄소 배출량과 1조 6000억 원의 교통비가 감소된다고 한다.[1]

코츠는 "정보 기술은 일이 근로자로 이동하게 함으로써 직장으로 출근하는 지난 200년간의 추세를 바꾸었다. 분산된 작업장은 공동체의 구조와 조직, 교통의 사용, 사업장의 위치, 집 안에서의 조직과 활동, 심지어는 그 집의 구조를 바꿀 것이다."라고 예견한 바 있다.[2] 실제로 정부가 제시한 스마트 워크 센터와 동일한 콘셉트인 위성 사무실, 노트북 등을 활용한 모바일 오피스도 수년 전부터 논의되어 왔으나 ICT의 진보가 생각의 속도를 따라가지 못해 구현이 늦어진 것뿐이다. 하지만 이제는 광대역 통신, 와이브로, 롱텀에볼루션Long Term Evolution에 기반을 둔 스마트 폰 등의 보급으로 시공간을 초월하여 업무를 처리할 수 있는 세상이 되었다.

2025년에는 또 유비쿼터스Ubiquitous 공간이 실현된다고 한다.[3] 이는 모든 사물에 인터넷을 접목함으로써 물리적 제약을 받는 시간과 공간을 초월하여, 심지어는 인산을 매개로 히지 않고도 사물과 사물 사이에 직접 소통이 일어날 수 있다는 것을 의미한다. 매체 발달의 관점에서 보면, 이러한 유비쿼터스 공간이 갖는 함의는 증강 현실Augmented Reality*을 통해 인간의 활동 영역이 시공간의 제약에서 벗어나 확장된다는 데 있다.

유비쿼터스 공간을 가능하게 만든 매체 발달의 역사를 살펴보면, 다음과 같은 몇 가지 원칙을 발견할 수 있다.

첫째, 기억의 증강이다. '말'이라는 일시적이고 휘발성이 강한 매체에서 '글'이라는 기록 매체가 나온 것은 인간의 기억을 보강하기

---

* 증강 현실이란 사용자가 현재 보고 있는 현실의 환경에 가상의 디지털 정보를 부가하여 보여 주는 것이다. 현실에서 존재하지 않는 정보를 디스플레이를 통해 사용자에게 보여 주는 가상 현실과 구분된다.

위해서라고 한다. 글은 말과 인간의 기억보다 정확하면서 객관적으로 과거를 재생한다.

둘째, 실감성의 증강이다. 그림에서 사진으로, 사진에서 영화로, 영화에서 가상 현실로 발달해 간다. 실감성의 증강은 기억의 증강을 포함하기 때문에 기억의 증강보다 훨씬 발달된 매체에 의해 이루어진다.

셋째, 메시지 전달의 수월성 증강이다. 지식과 메시지를 가능하면 한 번에 많은 사람에게 전달할 수 있어야 한다. 봉화, 파발마, 우편, 전화, 위성 전화, 인터넷과 휴대 전화로 이어지는 매체의 발달은 메시지 전달의 수월성을 증강하는 방향으로 이루어졌다.

넷째, 메시지 제작과 변형의 수월성 증강이다. 많은 내용의 메시지를 가능한 한 짧은 시간에 대량으로 생산해 낼 수 있고, 그러기 위해 다른 사람들이 생산한 메시지를 쉽게 변형, 활용할 수 있는 방향으로 매체는 발달한다.[4]

1455년 인쇄술이 세상에 나온 후 약 400년 만에 사진 기술이 발달해 메시지 전달의 실감성을 높여 주었다. 그로부터 200년 후인 2025년에는 유비쿼터스 공간이 구현되고 그에 따른 증강 현실이 일상화될 것이다. 물질의 저항과 마찰이 일어나는 시공간을 초월하여 정보와 메시지를 주고받을 수 있는 세상이 드디어 실현되는 것이다. 이는 지금까지는 영화나 상상 속에서만 존재하던 방법을 통해 효율적이면서 효과적으로도 일할 수 있는 수단과 도구가 확보되었다는 의미이다.

한편, 도구나 매체의 발달은 우리가 생각하는 것 이상으로 우리들의 워크 라이프Work Life를 많이 바꿔 놓고 있다. 우리가 일을 하면서, 아니 살아가면서 얼마나 이들에게 의존하고 있는지는 도구들이 없어지거나, 고장 난 경우를 상상해 보면 잘 알 수 있다. 이와 관련해서는 행위자 네트워크 이론Actor Network Theory의 주창자인 브뤼노 라투르Bruno Latour의 체험 사례가 인상적이다. 상황은 현대를 살아가는 사람이라면 누구나 겪었음 직한 단순한 것으로, 교내 와이파이에 접속을 하지 못해서 업무 지원 센터의 프랑크라는 사람을 찾아갔고, 그도 장애를 해결하지 못해서 그레그라는 사람에게 전화를 했으며, 그레그도 해결을 못하고 마뉘라는 사람이 긴급 호출을 받고 사무실로 나와 비로소 해결이 되었다는 이야기다.[5]

즉 우리는 사용하던 사물이 고장 나는 특별한 순간에서야 비로소 그동안 우리가 기술에 얼마나 의존하고 있었는가를 인지할 뿐만 아니라, 정확히 어떤 경로를 통하여 그렇게 의존하게 되는가를 다시금 깨닫는데, 이상하게도 이러한 모든 것들은 만사가 잘 풀릴 때에는 보이지 않는다는 게 라투르의 논지다.

라투르에 따르면, 어떤 행위든 실현되기 위해서는 경유해야만 하는 연장, 기계, 기술적 방법, 작업장, 전문 지식이 있다. 라투르를 포함한 행위자 네트워크 이론가들은 이 모든 것에 행위 능력Agency이 있다고 본다. 인간이든 인공물Artifact이든 어떤 하나가 다른 하나의 행위에 영향을 미친다고 말할 수 있으면 그것들은 모두 행위자Actor라고 주장한다. 예를 들어, 우리가 일상적으로 사용하고 있는 휴대폰의 배터리가 다 되었을 경우 휴대폰은 배터리 표시등을 깜박이고, 그로 인해 인간은 배터리를 충전하는 행동을 하게 된다. 이는 휴대폰이 인간에게 영향을 미치는 것이므로 휴대폰도 하나의 행위자로 보아야 한다는 의미이다. 즉 휴대폰이라는 인공물은 인간에게 종속된 사물이 아니라 인간이라는 행위자와 동등한 입장에 선 또 하나의 행위자라는 것이 행위자 네트워크 이론의 기본 전제이다.

이러한 행위자 네트워크 이론은, ICT와 사무 공간을 인간과 동등한 행위 능력이 있는 것으로 보고 최적화해야 한다는 점을 시사한다. 새로운 스타일의 지식 창조 공간으로서 스마트 오피스Smart Office가 실현될 때 지금까지와는 다른 차원의 워크 라이프 창출, 그리고 또 다른 차원의 생산성 향상을 이끌어 낼 수 있다.

실제로 어려서부터 정보 기술 및 디지털 기기 사용에 익숙한 젊은 세대 사원들의 직무 수행 역량을 충분히 끌어내기 위해서라도 스마트 오피스의 구축 및 활용은 대단히 중요한 일이다. BYODBring Your Own Device라는 말처럼 이제는 데스크톱 컴퓨터와 같이 회사가 제공하는 작업 도구들보다 모바일 기기 등 개인이 소유하고 있는 작업 도구들의 성능이 우수한 경우가 많아짐에 따라, 구태의연한 사무실에서 시대에 뒤떨어진 작업 도구로 일하는 것은 오히려 이들의 생산성을 떨어뜨리는 결과를 초래하게 되었다. 게다가 휴대용 기기를 이용해 음악을 듣는 동시에 공부가 가능한 젊은 세대들은 채팅을 하거나 전화하면서 일하는 것에 별로 저항감이 없으며, 숨 막히는 사무실보다 적당한 소음이 있는 커피숍이나 카페에서 일하는 것을 더 즐기는 경우도 많이 나타나고 있다.

이와 같은 관점에서 이 책은 스마트 오피스 구축이 21세기형 경영 혁명의 시작이라는 주장을 담고 있다. 지금까지도 비즈니스 프로세스 리엔지니어링 Business Process Re-Engineering, BPR이나 식스^6 시그마 등 수많은 혁신 활동이 이루어져 왔다. 21세기형 경영 혁신이 이들과 결정적으로 다른 것은 바로 상상 이상으로 발달하고 있는 ICT 기반의 도구나 매체, 인프라의 활용에 있다고 보기 때문이다. 생산성을 비약적으로 높일 수 있는 스마트 오피스와 같은 인프라를 제대로 활용하지 않는 것은 21세기 지속 가능 경영을 위한 경쟁력 제고를 포기하는 것과 같다. 이러한 주장이 하나의 구호나 담론에 그쳐서는 안 되겠기에, 실제로 스마트 오피스를 도입하여 소정의 성과를 거두고 있는 국내외 기업들의 구체적인 사례를 베이스로 하여 스마트 오피스 구축을 위한 실천적인 방법론까지 제시하고자 한다.

이 책에는 필자가 삼성경제연구소 재직 시절 두 번에 걸쳐 공동 연구자로 참여한 워크 스마트 관련 연구 보고서의 내용 중 상당 부분이 포함되어 있다. 그리고 이트너스 디자인㈜이 수행한 많은 디자인 프로젝트에서 얻어진 노하우와 스마트 오피스 도입 기업의 자료 협력이 없었다면 이 책은 나오지 못했을 것이다. 전재와 자료 활용을 허락해 주신 삼성경제연구소, 이트너스, 우치다 양행, 유한킴벌리 관계자 분들께 감사드린다.

2013. 1
대표 저자 이병하

제1장

경쟁 전략으로서의
워크 스마트와
스마트 오피스

투입 시간이 곧 생산성을 의미하지 않는 시대, 조직원의 자발성과 몰입이
야말로 고부가 가치 산업의 핵심 요소이다. 개인의 창의성이 최대로 발휘
될 수 있도록 공간을 조성한 스마트 오피스가 21세기 창조 경제 시대의
해답인 이유이다.

노동자가 잃어버렸던 '의식'을 되찾아야 할 시간이다.

화이트칼라를 위한
생산성 관리

블루칼라의 업무 vs. 화이트칼라의 업무

1960년대만 해도 대다수의 선진국에서 블루칼라가 노동력의 대부분을 차지했지만, 1990년에는 그 비율이 전체 노동력의 20퍼센트로 줄어들었다. 오늘날에는 10퍼센트가 채 안 될 것으로 추정된다고 한다.6) 노동력의 구성뿐만 아니라 일 자체도 변화했다. 1970년대에는 목재 수송선에서 짐을 내리려면 108명이 닷새간 작업을 해야 했으나, 불과 30년이 지나 컨테이너 수송선이 도입된 2000년대에는 한 명이 8일이면 하역을 마칠 수 있게 되었다고 한다. 한 명이 540일을 일해야 했던 것을 고려하면 이는 블루칼라 업무의 98.5퍼센트가 감소했다는 뜻이다.7) 블루칼라 업무가 거의 없어졌다는 것은 일 자체의 성격이 화이트칼라화했다는 것을 의미하며, 이것은 테일러로부터 시작된 기존의 '과학적 관리'의 패러다임을 뒤흔드는 결과가 되었다.

　1776~1883년까지 산업 사회의 첫 100여 년 동안 기계를 비롯한 자본에 대한 투자는 엄청난 성과를 올렸으나, 노동 생산성의 변화는 거의 없었다. 그러나 1881~1991년에는 지식을 작업 방식에 적용한 결과 생산성이 폭발적으로 향상되었다.[8] 그 대표적인 예가 1910년대를 전후하여 확산된 테일러리즘과 포디즘이다. 테일러가 수행한 일련의 실험이나 그가 발표한 연구 결과물을 통해 당시 사람들은 '시간 연구', '동작 연구'를 이용, 지식을 노동에 접목시킬 수 있다는 사실을 알게 되었다. 그러나 20세기 말에는 일 자체의 성격이 변화하여 시간 연구나 동작 연구, 또는 작업자의 심리적 요인이나 조직 내 위계질서에 주목하는 등의 인간관계론적 접근만으로는 더 이상의 노동 생산성 향상을 기대하기가 어려워진 것이 현실이다.

　시간 연구와 동작 연구로 대표되는 블루칼라의 업무에서 노동 시간은 곧 생산성을 의미했다. 따라서 경영자는 근로자들이 더 많은 시간 일하기를 기대하고, 근로자는 더 많은 휴식과 자유를 요구해 1일 8시간 노동을 정착시키기 위한 쌍방의 싸움이 계속되었다. 실제로 1833년 영국에서 1일 12시간 노동을 규정하는 공장법이 제정된 뒤 1910년 무렵까지 선진국의 근로자들은 연간 3,000시간 이상을 일했다. 1914년에 이르러서야 포드 자동차에서 1일 8시간 노동제를 도입하였으며, 동양권에서 가장 먼저 근대 산업 사회로 발돋움한 일본의 경우에도 1일 8시간 노동법이 제정된 것은 영국 공장법 제정 이후 110여 년이 지난 1947년의 일이다. 한국은 1953년에 근로 기준법에서 1일 8시간, 1주 48시간 노동을 규정하였으며, 2003년에 1주 40시간으로 개정되었다.

그러나 문제는 블루칼라의 업무를 대체해 나가고 있는 화이트칼라의 업무에서는 기본적으로 '노동 시간은 곧 생산성'이라는 등식이 성립하지 않는다는 데 있다. 화이트칼라의 업무는 블루칼라의 그것과 달리 목표 업무량이나 작업의 프로세스도 불명확하고, 여러 이해 관계자가 연결된 복잡하고도 자기 완결적인 업무가 많다. 또한 투입 시간보다는 몰입이나 자발성 여부에 의해 일의 성과가 많이 달라지기도 한다. 화이트칼라의 지식 노동은 결코 노동 시간만으로는 생산성을 따지기 어렵다. 어떤 사람은 일주일 내내 매달리고도 평범한 아웃풋밖에는 내놓지 못하지만 어떤 사람은 단 하루 만에 훌륭한 결과물을 내놓기도 한다. 같은 사람이라도 기분이나 몸의 컨디션에 따라 작업 시간이 길어지기도 하고 짧아지기도 하는 것은 물론이다. 게다가 많은 사람들이 모여서 함께 해내야 하는 팀 작업이라면 더욱 변수가 많아져서, 투입 시간만으로는 그 인풋Input과 아웃풋 Output을 판단하기가 어려워진다.

이처럼 시간으로 측정할 수 없는 화이트칼라의 업무 속성은 시간당 생산량으로 계산되는 블루칼라와는 다른 차원의 성과 관리가 필요함에도 불구하고, 지금까지는 여러 가지 이유에서 블루칼라와 차별화를 도모하기가 어려웠다. 그러나 이미 블루칼라 작업의 상당 부분이 화이트칼라의 업무와 같은 성격으로 변화하였고, ICT의 발달에 힘입어 기존 화이트칼라의 업무 중에서도 단순하게 반복적으로 처리되던 업무가 대폭 줄어들었으며, 시간으로 측정하기 어려운 업무가

그림 1-1. **시간 축에서 공간 축으로**

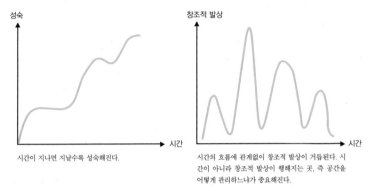

성숙

시간

시간이 지나면 지날수록 성숙해진다.

창조적 발상

시간

시간의 흐름에 관계없이 창조적 발상이 거듭된다. 시간이 아니라 창조적 발상이 행해지는 곳, 즉 공간을 어떻게 관리하느냐가 중요해진다.

출처: 고야마 류스케(2007)*9)*

증가하는 시대가 되었다. 때문에 100년 선 테일러리즘의 등장에 의해 블루칼라 생산성의 혁신이 이루어졌던 것처럼, 화이트칼라의 생산성을 관리하는 새로운 방식이 필요해졌다고 보는 것이다.

시간 관리와 공간 관리의 융합

화이트칼라의 생산성을 어떻게 관리할 것인가. 각자 처해 있는 상황에 따라 십인십색十人十色의 해결책이 나오겠지만, 여기서 주목하고 싶은 것은 공간 축으로의 확장 가능성이다. 고야마 류스케는 과거에는 학습과 경험이 중요했지만 이제는 그것만으로는 한계가 있다며 시간 축에서 공간 축으로 관리 포인트를 이동시킬 것을 주장하고 있다. 즉 인간이라는 시스템에는 당연히 정해진 수명이 있고, 그 한정된 기간 동안 학습하고 경험을 쌓으려면 무리가 따르므로 시간 축만으로 시스템을 파악하기에는 무언가 모자라는 느낌이 든다는 것이다.

특히 화이트칼라의 경우 앞서 설명한 것처럼 일할 때에도 시간 축만으로는 처리할 수 없는 문제가 많이 생기므로, 공간 개념이 도입되어야 한다는 주장에는 일리가 있다. 고야마는 심지어 급여 시스템도 개인의 노동으로 인한 결과, 바로 개별적인 아웃풋에 대한 대가를 치르지 말고, 아웃풋을 만들어 내는 행위 자체에 대가를 치르도록 바꾸어야 한다고 주장한다. 예를 들어 누군가에게 일을 맡겼을 때 혼자서 일을 해냈다면 지식과 지혜가 들어 있는 그의 두뇌 공간에 대해 값을 치러야 하지만, 만약 그가 다른 사람의 도움을 받는다면 그 도움만큼 대가가 올라가야 한다는 의미이다. 즉 개인에 대한 급여 체계가 결과물이 아닌 발상을 만들어 내는 공간에 대한 급여 체계로 바뀌어야 한다는 것이다. 고야마는 목욕탕이나 사무실 같은 물리적인 공간은 물론, 아웃풋을 낼 수 있는 가상 공간, 무엇보다 '창조적인 발상을 일으키는 공간'을 만드는 일이 중요하다고 말한다. 물론 그가 말하는 공간이 물리적 공간만을 이야기하는 것은 아니지만, 창조적 발상을 일으키는 공간이라는 생각이야말로 스마트 오피스 구축의 핵심 요소라고 할 수 있다.

일 관리와 사람 관리의 융합, 워크 스마트

화이트칼라에 대한 생산성 관리의 주체가 불분명하다는 점도 문제다. 이는 생산성이라는 주제가 주로 블루칼라 수준에서 논의되어 왔기 때문이기도 하다. 그래서 노동 생산성은 인사 관리의 핵심 이슈임에도 불구하고 인사 담당 부서에서 관리하지 못하고, 관리의 권한이 작업 현장의 생산 관리 영역으로 넘어가게 되었다. 즉 인적 자원 관리는 인사 부서에서 담당하면서, 일과 관련된 노동 생산성 관리는 현장 부서에서 수행하게 된 것이다. 그 결과 블루칼라는 그들의 생산성을 관리하는 전담 부서가 존재하게 되었으나, 화이트칼라의 생산성은 조직 수준에서 관리하기보다는 중간 관리자의 관리 역량이나 리더십에만 맡겨지는 결과를 초래하였다. 그러나 앞서 살펴본 바와 같이 화이트칼라로 분류되는 사람들이 늘어나고, 대부분의 업무 성격도 화이트칼라화하고 있는 것이 사실이라면, 이제 각 기업이 해결해야 할 시급한 과제는 화이트칼라의 생산성 혁신과 관계되는 일이어야 한다.

이와 관련하여 주목해야 할 화두가 워크 스마트Work Smart이다. 워크 스마트란, 말 그대로 머리를 써서 '똑똑하게 일한다.'는 뜻이다. 이는 2009년에 삼성전자, 포스코 등 대기업의 CEO들이 워크 하드Work Hard, 열심히 일하기에 대비되는 개념으로 워크 스마트를 요구하는 목소리를 내면서 기업 사회에 알려지기 시작했다.[10] 워크 스마트는 기존의 관행과 고정 관념에서 탈피하여 창조적으로 일해야 한다는 의미 외에도 WLBWork Life Balance, 일과 생활의 균형를 달성하면서도 생산성을 올릴 수 있다는 것을 기본 전제로 삼고 있다. 실제로 워크 스마트라는 개념은 OECD 주요 선진국에 비해 우리나라 노동자의 근로 시간이 가장 길고 생산성은 지극히 낮다는, 워크 하드한 현실에 대한 반성과 더불어 ICT 발전을 기반으로 스마트한 작업 도구가 많이 등장하면서 나타났다고 생각할 수 있다.

아이러니컬하게도, 매기 잭슨에 따르면 "머리를 써서 일하자."라는 구호를 처음 만들어 낸 것은 테일러였다.[11] 테일러는 작업을 구성 요소별로 쪼갠 후 그것을 하나하나 분석하고 각각의 작업을 이상적인 방식, 바로 보다 효율적이면서 힘이 덜 드는 방식으로 재구성했다. 테일러는 인센티브제, 노사 협력, 그리고 개인의 기술 수준에 맞춘 작업을 옹호한 인물이었으나, 그가 유산처럼 남긴 스톱워치식 경영 때문에 빛이 바랬다. 즉 작업을 기본 요소별로 하나하나 쪼개고 분산시켜서 공장을 훌륭한 짜임새를 갖추고 부드럽게 돌아가는 하나의 기계로 만든 결과, 사람도 바꿔 끼울 수 있는 기계 부품과 같은 존재가 되어 버렸다. 그리고 바로 이것이 노동자들이 그에게 적의를 품게 된 이유라고 매기 잭슨은 말한다. 실제로 테일러는 "생각은 노동자들의 몫이 아니다."라고 말했을 뿐 아니라 "옛날에는 사람이 가장 먼저였다. 미래에는 시스템이 가장 먼저가 되어야만 한다."라고도 말했다. 니콜라스 카는 이와 관련하여 다음과 같은 의미 있는 통찰을 남기고 있다.

테일러 이전에는 자신만의 훈련과 지식 그리고 경험을 지닌 각각의 노동자가 스스로 어떻게 일을 해 나갈지에 대한 판단을 했을 것이다. 이 노동자는 자신만의 명령 체계를 적어 놓곤 했을 것이다. 테일러 이후 이 노동자는 다른 사람이 적은 명령 체계를 따르기 시작했다. 기계 운전사는 이 체계가 어떻게 구성되었는지에 대해 또는 그 뒤에 숨은 논리에 대해 이해하도록 강요받지 않았을 것이다. 그에게 요구된 것은 그저 체계를 따르는 일이었을 것이다. 개개인의 자율성에 따른 혼란은 사라졌고, 전체적으로 보았을 때 공장은 더욱 효율적으로 변했다. 생산물의 예측 가능성도 높아졌으며 산업은 번창했다. 이 혼란과 함께 잃은 것은 개인의 자발성, 창의력, 그리고 착상이다. 의식 있는 작업은 무의식의 일상이 되었다.[12]

테일러리즘이 작업자가 아닌 경영자나 작업자들의 생산성을 관리하는 스태프들이 머리를 써야 한다고 주장했다면, 워크 스마트는 작업자 개인도 머리를 써서, 자발적이고 창의적으로 일해야 한다는 의미라고도 할 수 있다. 즉 테일러리즘의 등장으로 노동자들이 잃어버렸던 생각하는 힘을 되찾아서 개개인이 무의식적, 일상적으로 수행하고 있던 작업을 '의식 있는 작업'으로 변화시키자는 것이 스마트 워크의 본질이다.

워크 스마트도 생산성의 향상에 포커스를 맞추고 있다는 점에서는 과거의 수많은 경영 혁신 활동들과 다름이 없다. 다만 워크 스마트는 WLB를 추구하는 동시에 생산성의 향상을 목표로 하고 있다는 점에서, 그리고 ICT의 발전을 기반으로 한 작업 도구와 매체의 발달, 그로 인한 리얼리티Reality의 확장이라는 점이 과거의 혁신 활동들과는 확연히 다르다. 활동에 제약을 주었던 물리적인 시간과 공간을 넘어 워크 스마트를 위한 수단 및 도구가 이제는 충분히 확보되었다고 볼 수 있기 때문이다.

어떻게 생각하든, 워크 스마트는 100년 만에 찾아온 생산성 혁신의 기회이다. 산업 혁명 이후의 100년이 자본 생산성 확장의 시대였고, 20세기의 100년이 인간과 지식 노동 생산성의 확장 시기였다면, 향후 100년은 노동 생산성과 자본 생산성을 통합시켜야 하는 시대라고 할 수 있다. 화이트칼라를 기준으로 생각해 보면, 워크 스마트는 지식 노동 생산성을 향상시키자는 것이며, 스마트 오피스는 화이트칼라의 자본 생산성을 향상시키자는 뜻으로도 생각해 볼 수 있다.

그러나 케빈 켈리도 지적을 했듯이, 시대를 너무 앞선 발명이나 발견은 가치가 없다. 아무도 따라올 수 없기 때문이다. 혁신은 알려진 것의 바로 다음 단계만을 열어젖힘으로 문화가 앞으로 한 단계 더 나아가도록 하는 것이다. 지나치게 미래주의적이거나 비관습적이거나 환상적인 발명은 처음에 실패했다가 나중에 그것들을 뒷받침하는 사고思考 체계가 형성되면 성공할 수 있다. 세계은행의 한 조사는 이런 사실을 잘 보여 준다. 조사에 따르면 개발 도상국에 도입된 첨단 기술은 대개 5퍼센트쯤 보급되다가 멈춘다. 새로운 기술은 더 오래된 기반 기술이 따라잡기 전까지는 더 이상 확산되지 못하는데, 그것은 첨단 기술이 작동하려면 대규모 예산이 드는 도로, 상수도, 공항, 기계 제작 공장, 전력망, 발전소 같은 하부 구조가 필요하기 때문이다. 그런저런 이유로 기존 기술을 제대로 받아들이지 못한 나라들은 신기술이 등장할 때 불리한 입장에 서게 된다.[13]

워크 스마트도 마찬가지다. 아무리 향후 100년의 산업 사회를 뒷받침해 줄 수 있는 새로운 개념이라고 해도 1910년대 중반의 포드 자동차가 그러했듯이, 진지하게 받아들이고 실행에 옮기지 않으면 공염불로 끝나고 말 것이다. 테일러리즘 이후 100여 년이 지나 새로운 패러다임으로 워크 스마트가 논의되고 있는 지금, 이를 기업 경영에 어떻게 접목시켜 활용하느냐에 따라 근 미래의 기업 생태계가 바뀔 수 있다. 문제는 이를 실행하는 과정에서 다양한 개별 회사나 조직 각자의 사정이 개입된다는 것이다. 이상적이라고 생각되는 모델을 처음부터 적용해 볼 수 있는 조직도 있고, 점진적, 단계적으로 추진해 나가야 할 조직도 있으며, 100년이 지나도 적용하기 어려운 조직도 있을 것이다. 그것은 모든 기업이나 조직이 동일한 분야, 동일한 조건에서 같은 내용의 일을 하는 것이 아니기 때문이다. 따라서 각자의 다양한 여건Diversity에 대응할 수 있는 자신만의 워크 스마트 추진이 필요하다 하겠다.

생산성을 좌우할
창조성 매니지먼트

개인의 창의성과 조직 창조성의 조화

어떻게 보면 워크 스마트는 개인의 창의력을 배가시켜 시너지를 일으키고, 이를 다시 조직의 창조성으로 승화시켜 나가자는 취지에서 나왔다고도 할 수 있다. 개인 차원에서는 창의력을 강조하는 것으로 충분하지만, 조직 전체의 창조성을 이끌어 내기 위해서는 시스템과 구체적인 추진 방법, 그리고 다양한 차원의 커뮤니케이션 활성화를 위한 노력이 필요하다. 즉 워크 스마트는 조직의 창조성 매니지먼트를 위한 실천 방법론이 될 수 있는 것이다.

일찍이 윤석철은 다음과 같은 기업의 생존 부등식을 제시한 바 있다.14)

$$V \rangle P \rangle C$$

(Value) (Price) (Cost)

이 부등식이 유지되어야만 기업이 생존할 수 있다는 것인데, 이 식은 어찌 보면 당연한 이야기를 하고 있다. 고객이 느끼는 가치가 제품이나 서비스의 가격보다 높아야 고객이 구매하게 되고 소비자 효용, 그 제품과 서비스의 가격은 당연히 비용보다는 높아야 한다 생산자 효용. 그렇다면, 어떻게 해야 기업은 본인들이 제공하는 제품과 서비스에 대해 소비자들이 느끼는 가치를 극대화시킬 수 있을까? 생산 설비나 기술을 업그레이드하는 방법도 있겠으나, 개인의 창의력과 조직의 창조성이 요구되는 21세기에는 직원 개개인의 노력 이상으로 중요한 것은 없다.

게리 해멀에 따르면, 수천 년 동안 인간의 노력을 모으는 유일한 방법은 시장과 위계질서뿐이었다. 그러나 분산된 실시간 네트워크인 인터넷이 등장한 뒤로 사람들은 낭만을 찾고, 통찰력을 공유하고, 공동체를 배우며 기존의 방법을 근본적으로 바꾸고 있다. 더불어 과거에는 전화 시스템을 무시하거나 효율적인 현대 정보 기술의 혜택을 도외시한 기업이 없었는데, 오늘날에는 웹의 잠재력을 개발하여 경영 성과를 올리지 못하는 기업이 너무나 많다고 지적한다.[15] 워크 스마트가 일시적인 유행으로 끝나는 것이 아니라 새로운 100년을 이끌 방법이자 철학으로 자리매김을 해야 하는 이유도 여기에 있다. 워크 스마트로 웹이나 ICT의 잠재력을 업무에 활용할 수 있는 기회가 열린 이때야말로, 지금까지와는 차원이 다른, 기업의 새로운 부가 가치 창출을 위한 직원들의 노력을 끌어낼 수 있어야 한다.

문제는 20세기 산업 사회의 패러다임으로 보면, 21세기 창조 경제에서 필요한 개인의 창의성과 조직적인 매니지먼트가 공존하기 어렵다는 데 있다. 게리 해멀은 "신세기의 가장 큰 문제는 창의성과 조직 사이의 지속적인 긴장이다."라는 리처드 플로리다의 말을 인용하면서, 이것이 어쩌면 가장 다루기 힘든 경영의 이율배반적인 특성이고, 따라서 가장 소중하고 가장 멋진 혁신이 될 것이라 주장하며, 이제는 기술 발전 이외의 것이 필요하다는 것을 지적한 바 있다. 19세기에 제시된 경영 원칙 위에 20세기에 나온 경영 프로세스를 바탕으로 하는 동시에 21세기의 인터넷이 가능케 한 업무 프로세스를 보유하고 있는 기업에서 경영 DNA를 바꾸지 않는다면, 경영을 크게 변화시킬 수 있는 웹은 사장되고 말 것이라는 지적도 하고 있다.16) 즉 워크 스마트는 경영의 DNA를 변화시켜 창조 경제의 승자가 되기 위한 방법론으로서의 의의를 갖고 있기도 하다.

비즈니스에 요구되는 창의성의 본질

스마트하게 일하기 위해서 창의성이 필요한 것은 사실이지만 모든 조직 구성원들이 예술가나 과학자들에게 요구되는 것과 같은 창의성을 창의성을 갖추어야 한다는 것은 아니다. 앤드류 라제기에 따르면 창의성에는 파블로 피카소로 대표되는 예술적 창의성Artistic

Creativity과 마리 퀴리로 대표되는 과학적 창의성Scientific Creativity, 그리고 제임스 다이슨다이슨 진공청소기 발명가으로 대표되는 고안적 창의성Conceptual Creativity이 있다. 이 세 가지는 저마다 요구하는 기술이 다를 뿐 아니라 추구하는 목표 또한 다르다. 시장에서 실패하는 아이디어는 대체로 독창적인 경우가 많은데, 예술로서는 성공적일지 모르나 대부분은 당면한 문제와 아무 상관이 없으므로 비즈니스적인 아이디어로서는 실패하고 만다. 고안적 창의성은 문제를 해결하거나 채워지지 않은 욕구, 또는 욕망을 충족시켜야 한다는 목표를 갖는다. 즉 진정한 혁신가가 되려면 독창적인 사람이 되고자 애쓰기보다는 고안적 창의성을 발휘하여 문제를 잘 해결하는 사람이 되어야 한다는 것이다. 문제에 대한 강한 호기심을 가지고 문제 해결에 따르는 제약을 예측해야 하며, 사회 통념상 가능한 해결 방법이라고 규정된 선을 넘을 줄도 알아야 하고, 전혀 공통점이 없어 보이는 영역 간에도 인습을 뛰어 넘어 관계를 찾아낼 줄 알아야 한다.[17] 바로 이러한 '고안적 창의성'이야말로 비즈니스에 필요한 창의성이며, 워크 스마트에서 요구하는 창의성이기도 하다. 그렇다면 어떻게 해야 이러한 '고안적 창의성'을 높여서 기업과 조직의 생산성을 향상시킬 수 있는 것일까.

앤드류 라제기가 인용하고 있는 와이즈버그의 연구 결과에 따르면, 예술적 창의성은 긍정적이거나 부정적인 감정 상태에 크게 영향을 받진 않지만, 고안적 창의성은 긍정적인 감정 상태에 영향을 받는다. 따라서 비즈니스 창의성을 높이기 위해서는 긍정적인 감정 상태를 유지하는 데 관심을 기울여야 한다.[18] 이것은 달리 말하자면 기업의 목표와 개인의 목표가 조화 가능하다고 믿는 사람들에 의해 '고안적 창의성'이 발휘될 가능성이 높다는 뜻이다. 이를 위해서는 기업이나 조직이 높은 업적을 올리고, 그것이 조직 구성원 개개인의 만족도로 연결이 되어서, 다시 그들이 고업적High-performance을 달성하기 위해 자발적으로 노력하는 선순환이 이루어져야 한다.

게리 레이섬의 '고업적 사이클'에 의하면 높은 업적을 올리는 조직 구성원들의 추진력은 구체적이고 곤란한 목표와 그것을 달성할 수 있다고 생각하는 높은 자기 효력감이다.[19] 목표와 자기 효력감은 행동의 방향성과 발휘하는 노력, 그리고 목표가 달성될 때까지 포기하지 않고 매달리는 근성에 영향을 준다. 나아가 효율적으로 목표를 달성하기 위한 전략을 발견하려는 동기도 높다. 개인의 능력이나 성장을 촉진하는 직무 특성, 상황적 제약, 목표에 대한 피드백, 목표에 대한 개인의 헌신 정도 등에 따라 목표가 업적에 미치는 효과는 달라진다. 또한 뭔가 의미가 있고 자신의 성장을 촉진하며 높은 보상과 연결이 되는 과제에서 높은 업적을 올리게 되면 당연히 직무 만족도가 높아진다. 그 결과 장래에도 과제에 자발적으로 착수하려고 하는 의사가 생겨난다는 것이다.

그러나 과연 높은 업적과 직무 만족도만으로 조직 구성원의 자발적인 창의성을 기대할 수 있을까. 만족스러운 직장 생활을 하기 위해 직무 만족도는 필요 조건 중의 하나이지만, 충분 조건은 아니다. 조직보다 개인을 우선하는 가치관을 갖고 있는 구성원들도 있다는 사실을 인정해야 하기 때문이다. 따라서 앞서 언급한 긍정적 마인드 즉 조직과 개인의 목표가 조화될 수 있다는 마인드를 형성하기 위해서는 조직 차원에서뿐만 아니라 조직 구성원 개인 차원에서도 차별화된 인센티브가 필요하게 된다. 개인에게 자신이 속해 있는 조직에 대한 무조건적인 충성을 요구하기가 어렵다면, 조직의 목표를 달성하는 것이 개인의 삶에도 유익하다는 인식이라도 느끼게 해 주어야 한다. 아니면 먼저 개인 생활이 만족되도록 배려함으로써 조직에 대한 충성을 유도할 수도 있을 것이다. 이와 관련하여 생각해 보아야 할 내용이 WLB에 관한 것인데, 문제는 이 WLB 역시 사람에 따라 그 구체적 모습이 제각각이라는 데 있다.

WLB의 향상과
공간 혁신

WLB와 워크 스마트

원래 WLB의 개념은 여성 근로자 문제나 복리 후생 제도 보완 등의 차원에서 나타난 것이지만, 21세기 산업 사회에서 일하는 근로자들의 새로운 생활 모습을 그리는 것으로 발전하기 시작함으로써 워크 스마트와도 일정 부분 연계성을 갖게 되었다.

일본에서는 WLB를 '일과 생활의 조화'라고 번역한다. 일본의 WLB에 대한 관심은 1985년에 제정된 '남녀고용기회균등법'으로 인해 촉발되었다. 당시 일본은 여성의 사회 진출이 확대되면서 20~30대 여성의 취업률이 상승하는 한편, 저출산에 의한 '소자화少子化'라는 사회적 문제가 대두되었다. 여성이 일을 계속할 수 있도록 생활특히 육아 환경을 정비해야 한다는 의미에서 가족 친화Family Friendly 정책과 육아휴업법[1992], 육아 및 간병휴업법의 개정[2001] 등이 이루어지게 된다. 가족 친화적인 정책은 여성이 일하면서도 육아가 가능하도록 환경을 정비한다면 여성의 취업률을 낮추지 않고도 소자화 진행을 막을 수 있다는 생각에서 비롯되었다. 그러나 실제로 이 정책들이 별 효과를 거두지 못함으로써 여성의 취업 환경 개선뿐 아니라 남성의 일하는 방식도 바꾸어야 한다는 인식이 확산되었다. 즉 남성의 장시간 노동을 방치한 결과 여성들에게 가사, 육아 부담이 편재되는 구조가 변하지 않았다는 사실 인식과 함께 '육아는 남녀 공동으로 하는 것'이라는 인식이 널리 퍼지기 시작한 것이다. 이로 인해 현재는 지역 사회의 육아 지원, 사회 보장에 의한 차세대 지원 등의 개념을 포함한 포괄적인 WLB 정책으로 발전하고 있다.

유럽의 경우 WLB의 'L'은 개인으로서의 삶Life이 아니라 가족의 삶Life을 지칭하는 뉘앙스가 강했으나 최근에는 보다 포괄적인 광의의 WLB 정책으로 전환하려는 움직임이 많이 나타나고 있다. 영국은 2000년부터 WLB 캠페인을 전개하고 있는데, 기업에서도 인재 확보의 관점에서 노동 유연성에 대한 관심이 높아져 육아를 담당하는 여성만이 아니라 전 종업원을 대상으로 업무 방식의 유연화가 진행되고 있다.[20]

WLB와 관련하여 우리가 빠지기 쉬운 오류는 일과 생활이 물과 기름처럼 융합될 수 없는 대립 관계에 있다고 생각하는 것이다. 일노동은 고통이고 우리가 그 고통의 대가로 급여를 받는다고 생각한다면 고통스러운 노동에서 벗어난 생활여가 시간이 그 반대편에 있다고 생각하는 것도 무리는 아니다. 이런 관점에서는 WLB도 단순히 시간을 일과 생활에 균등하게 배분하자는 논의에 빠지기 쉽다. 하지만 일이란 반드시 고통이라고 생각할 필요도 없고, 또 급여는 일이라는 고통에 대한 대가가 아니라 본인이 수행한 일의 성과에 대한 보상이라고 생각할 수 있다.

또한 개개인의 성향이나 라이프 사이클Life Cycle과 소속되어 있는 조직의 특성에 따라 WLB의 내용도 많이 달라질 수 있다. 어떤 사람은 일에 80퍼센트, 나머지 생활시간에 20퍼센트를 쓰고도 WLB를 느낄 수 있는 것이고, 어떤 사람은 80퍼센트를 일을 제외한 생활시간에 써야지만 WLB라고 생각하는 사람도 존재할 수 있다. 일에 중점을 두는 사람이든, 생활에 중점을 두는 사람이든 개인이 그러한 독자적인 균형을 통해 WLB를 느낀다면 보다 좋은 생활을 보내고 있는 것이고, 또 일에 대한 의욕이 높다고도 할 수 있다. 워크 스마트는 이처럼 일과 생활이 대립적인 관계trade off가 아니라 상승효과를 낼 수 있는 관계를 전제로 한다. 이는 조직과 개인의 목표가 조화 가능하다는 사고방식과 같은 맥락이다.

그러나 사람마다 다른 양상을 보이는 WLB는 대량 생산, 대량 소비 산업 사회의 패러다임과 맞지 않는 부분이 있었다. 규모가 커진 조직에서는 개인이 아닌 각 계층별 또는 조직으로서의 집단만이 관리 대상이 되었기 때문이다. 물론 이것은 회사의 규모가 확대되고 종업원의 수가 늘어나면서 관리를 할 수 있는 적절한 방법론이 개발되지 않아 중앙에서 많아진 개인을 일일이 쳐다볼 수 없었다는 점에 기인한다. 따라서 동일한 단체로서의 근로자 집단을 하나의 장소에 모아 놓고 획일적인 근무 시간으로 통제하는 수밖에 없었다. 이는 '투입 노동 시간의 증대는 곧 생산성의 향상'이라는 20세기 산업 사회의 패러다임과 맞물려 노동은 노동자들에게 고통스러운 것, 피해야 하는 것이라는 인상을 심어 주었다. 그 결과 아무리 회사에서 유연 근무 제도 같은 것을 도입하면서 WLB를 외쳐도 개개인의 니즈를 모두 충족시키기 어렵다는 한계를 지니게 된 것이다.

그러나 어느덧 소수가 되어 버린, 컨베이어 벨트에 물리적으로 구속된 블루칼라가 아니라면 이제는 ICT의 발달로 인해 시간과 장소에 구애받지 않고 자신의 라이프 스타일에 맞춰서 일할 수 있는 시대에 접어들었다. WLB나 생산성 관리도 새로운 국면을 맞이하게 된 것이다. 즉 기존의 오피스 근무에 재택근무, 스마트 워크 센터 근무, 모바일 워킹 등의 개념을 포괄하는 스마드 오피스로의 공간 관리 혁신을 통해 WLB와 개인의 창의성, 그리고 조직 차원의 생산성 향상을 기대할 수 있게 되었다.

사무 공간 혁신의 어려움

하지만 사무 공간의 혁신은 특별한 계기가 없으면 좀처럼 시작되기 어려운 것이 현실이다. 생산성의 향상과 직접적인 관계가 있는 블루칼라의 작업 공간 역시 한번 성공적으로 정착된 시스템을 다시 바꾸기는 대단히 어렵다.

벨트 컨베이어 시스템을 예로 들어 보면, 100여 년 전 포드 자동차의 생산 라인에서 시작된 이 시스템으로 블루칼라 작업자의 생산성

그림 1-2. 벨트 컨베이어 생산 방식과 셀 생산 방식의 차이

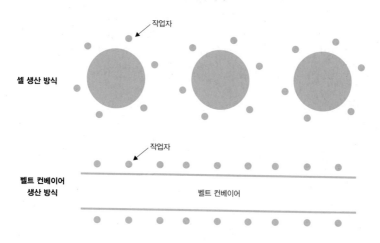

셀 생산 방식

벨트 컨베이어
생산 방식

작업자

작업자

벨트 컨베이어

출처: 일본경제신문사21)

은 비약적으로 향상되었다. 그 결과 역사상 단일 차종으로서는 가장 많이 팔렸다는 모델 티[와 같은 염가 차량이 등장함으로써 일반 서민들도 자동차를 소유하는 혜택을 누릴 수 있었다. 문제는 이 벨트 컨베이어 시스템이 많은 기업에서 가장 효율적인 생산 방식으로 인정받아 전 세계의 공장으로 확산되면서 그 시스템 자체가 성역으로 인식되기 시작했다는 점이다. '생산 라인은 곧 벨트 컨베이어 시스템'이라는 패러다임이 형성된 것이다. 이렇게 특정 시스템이나 방법론이 한번 메인 스트림으로 자리 잡게 되면 그것을 새로운 방식으로 변경시키기 쉽지 않다. 오늘날 생산 라인 벤치마킹 사례 기업으로 가장 많이 거론되고 있는 회사 중 하나인 캐논도 그들이 자랑하는 '셀 생산 방식'을 도입하기까지 많은 시행착오를 겪어야 했다.

캐논이 벨트 컨베이어 시스템을 포기하고 셀 생산 방식을 도입한 것이 1997년 이후라고 하니 벨트 컨베이어 시스템이라는 하나의 방법론이 가진 생명력을 대단하다 아니할 수 없다. 물론, 지금도 많은 생산 현장에서 벨트 컨베이어 시스템은 건재하다. 그것은 벨트 컨베이어 시스템과 마찬가지로 셀 생산 방식이 모든 종류의 생산 현장에서 가장 효율적인 시스템이라고는 말할 수는 없기 때문이다. 셀 생산 방식에서는 다기능화多技能化된 숙련 작업자를 얼마나 많이 확보할 수 있는가도 관건이다.

어쨌거나 새로운 시스템이나 방법론은 어지간한 쇼크 요법이 아니고서는 도입되기 어렵다. 위기를 맞이하여 돌파구를 찾아야 하는 상황에 내몰리거나, 최고 경영자의 신념 등과 같은 강한 추진력을 얻지 못하고서는 좀처럼 실행으로 옮기기가 어려운 것이다.

캐논의 경우도 마찬가지였다. 캐논은 1997년 당시 자동 창고, 무인 반송 시스템 등에 상당한 투자를 하여 최신예 공장을 설립했다. 그러나 그곳을 방문한 중견 전자 부품 회사 사람들은 그런 생산 공정을 비효율적 시스템이라며 혹독하게 비판했다. 이에 충격을 받은 공장 책임자가 솔선하여 개선을 추진해 탄생한 것이 셀 생산 방식이다.

생산 라인의 조정은 그래도 '생산성의 향상'이라는 바로 눈에 보이는 성과가 나타나기 때문에 최고 경영자나 이해관계자의 협력을 얻기 쉽다. 그러나 화이트칼라의 작업장인 오피스의 경우에는 사무 공간을 바꾸었다고 하여 갑자기 생산성이 올라가거나 하기는 어려우므로 변경이 쉽지 않다. 스마트 오피스의 대표적인 사례로 거론되고 있는 변동 좌석Free Address제의 경우에도 숫자로 내보일 수 있는 것은 기껏해야 공간 절약 효과나 서류함 제거 효과 정도에 불과하다. 따라서 초기 투자 비용 등을 감안할 경우 사무 환경 개선을 위한 적극적인 유인이 되기 어렵다. 사무 환경 개선으로 사원들의 만족도가 증가했다는 등의 조사 결과 수치도 경제적인 편익을 중시하는 경영진의 관심을 끌기 어렵다. 때문에 점차 그 필요성이 증대되고 있는 화이트칼라의 창조적인 작업 관리나 소위 '지식 노동'의 특성을 잘 이해하고 있는 경영진이 아니라면 사무 공간의 개선을 시도할 가능성이 많지 않은 것이 현실이다.

물론 지금까지 화이트칼라의 사무 공간 개선을 위한 시도가 전혀 없었던 것은 아니다. 파티션을 설치하여 프라이버시를 존중하려는 시도도 있었고, 벌집 모양으로 책상을 배치하거나 가운데가 움푹 들어간 U자형으로 만드는 경우도 있었다. 그중에서도 층간 에스컬레이터를 설치하여 커뮤니케이션이 활발하게 일어나도록 한 SEI 인베스트먼트 사의 시도는 특필할 만하다.

미국 펜실베이니아 주에 본사를 둔 금융 회사인 SEI 인베스트먼트는 직원 간 의사소통 및 상호 작용을 촉진하고, 조직 창의성을 높이고자 일련의 개혁을 단행하였다.[22] 개혁의 기본 방향은 조직 내 위계Hierarchy를 낮추고 조직을 좀 더 유연하게 만드는 것이다. 이를 위해 SEI 인베스트먼트는 개인 사무실과 파티션을 없애고 사무실을 하나의 큰 공간으로 만들었다.* 사무실을 오픈된 공간으로 만드는 동시에

---

* SEI 인베스트먼트는 또한 비서가 있는 팀장의 경우 비서로 인해 팀장과 팀원의 교류가 제한된다고 판단하고 비서직을 모두 없애 조직을 좀 더 수평적으로 만들었다.

직원들이 만날 수 있는 공간을 곳곳에 마련해 상호 작용을 촉진하였다. 또한 책상과 의자에 바퀴를 달아 직원들의 사내 이동을 자유롭게 하였고, 층간 에스컬레이터를 설치하여 각각 다른 층에서 일하는 직원 간의 상호 작용도 높이려 하였다.

일련의 개혁 활동을 단행한 SEI 인베스트먼트는 소기의 목적을 달성하였을까? 일부 직원은 변화 초기에 적응을 못하였고, 10~15퍼센트의 직원은 회사를 그만둔 것으로 알려졌다. 특히 관리직 직원의 부적응이 상대적으로 심했던 것으로 나타났다. 그럼에도 불구하고 1996~2001년 5년 동안 직원 수 변화 없이 연간 40퍼센트의 매출 성장을 달성하였고, 개혁이 단행된 이후 연간 수익률은 28퍼센트에 육박하였다. 또한 직원을 대상으로 한 설문 조사에서 사무 공간 혁신 이후 구성원 간 상호 작용이 촉진되어 의사 결정 속도가 빨라졌고, 업무 몰입도가 높아졌으며, 변화된 사무 공간이 창의성을 자극한다는 결과가 나왔다. 이에 힘입어 SEI 인베스트먼트는 《포천Fortune》이 매년 발표하는 '일하기 좋은 100대 기업100 Best Companies to Work for' 리스트에 2001년부터 2005년까지 5년 연속 랭크되기도 하였다.

경쟁 우위의 원천,
스마트 오피스

경쟁 전략론 관점에서 본 스마트 오피스

기업의 경쟁력은 어디에서 오는 것인가. 즉 경쟁 우위의 원천을 설명하려는 노력은 '경쟁 전략론'이라는 이름 아래 크게 두 가지 흐름으로 나뉘어 전개되어 왔다. 하나는 경쟁 우위의 원천을 기업의 외부에서 찾는다. 그 기업이 속해 있는 산업 자체의 구조적인 매력도에 관심을 가지고, 자사에 유리한 포지션을 점유한 후 진입 장벽 등을 높이려는 노력으로, 마이클 포터Porter, 1980의 산업 구조 분석5 Force 모델이 대표적이다.23) 또 다른 하나는, 그 기업이 지니고 있는 고유의 자원이나 조직 능력Organization Capabilities에서 경쟁 우위의 원천을 구하는 자원 준거론Resource Based View, RBV이다. 희소하고 모방 가능성이 없는 가치 있는 자원과 역량을 갖추려고 노력해야 한다는 것인데, 바니[Barney, 2002] 등에 의해 발전된 브이알아이오[VRIO] 이론24)이 대표적이다. 5 Force 이론과 VRIO 이론을 대비시킨 것이 다음 그림 1-3과 표 1-1 이다.

그림 1-3. **포터의 5 Force Model**

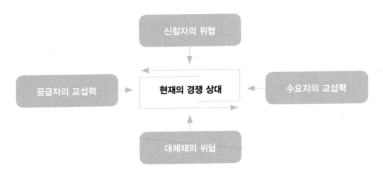

출처: 포터(1980)

표 1-1. **VRIO 프레임 워크**

Value 가치가 있는가	Rarity 희소한가	Inimitability 모방 코스트는 큰가	Organization 조직체는 적절한가	경쟁 우위의 의미	경제적인 퍼포먼스
No	–	–	No	경쟁 열위	표준을 하회
Yes	No	–	↑	경쟁 균형	표준
Yes	Yes	No	↓	일시적 경쟁 우위	표준을 상회
Yes	Yes	Yes	Yes	지속적 경쟁 우위	표준을 상회

출처: 바니(2002)

VRIO 이론은 모처럼 확보한 핵심 자원과 조직 능력을 다른 기업이 모방하기 어렵도록 해야 한다고 주장한다. 이와 관련해서 바니는 그 기업이 가진 자원이나 조직 능력의 모방 가능성을 좌우하는 요인으로 역사적 조건, 인과 관계, 사회적 복잡성, 특허와 같은 제도적 조건 등의 네 가지를 거론하고 있다.

첫째, 역사적 조건이란 기업이 자원과 조직 능력을 축적하는 과정에 공간적, 시간적인 요소가 작용을 하는 경우를 말한다. 선행자First Mover 우위론과 경로 의존성Path Dependency이 많이 거론된다. 경험 효과나 특허 등에 의해서 기술적 리더십을 먼저 확보한다든지, 희소 자원으로서의 원재료를 선점하는 등의 행위가 선행자 우위를 가져온다. 경로 의존성은 어떤 역사적인 사건이 그 후의 사건에 영향을 미치기 때문에 특정 경로에 의존하지 않으면 같은 현상을 재현하기 곤란하다는 것과 관계 있다. 이러한 이유들로 인해 후발 기업이 단기간에 선발 기업을 모방하여 따라잡을 수 없다면, 바로 그 역사성이 선발 기업의 경쟁 우위를 지속적으로 유지하는 원천으로 작용한다.

둘째, 기업이 지닌 자원이나 조직 능력과 경쟁력과의 인과 관계가 모호할 경우 다른 기업은 이를 모방하기가 어렵다. 인과 관계의 모호성은, 너무나도 당연하다고 생각되어 인과 관계에 대한 의식 자체가 안 생기거나, 인과 관계에 관한 이해가 정확하지 않거나, 다수의 자원과 조직 루틴이 복잡한 네트워크를 형성하고 있어서 인과 관계를 파악하기 어려울 때 생긴다.

셋째, 사회적 복잡성은 복잡한 인과 관계와도 관련이 있다. 노하우나 지식이 특정의 개인에게 귀속되어 있는 것이 아니라 기업 문화나 조직 풍토 등으로 사회적 공유가 이루어진 경우에도 모방이 어렵다.

넷째, 제도적 조건이란 특허 등의 법적, 제도적 조건에 의해서 모방이 저지되는 경우를 말한다.

그렇다면, 스마트 오피스와 같은 지식 창조 공간 구축으로 지식 창조 행동의 연쇄가 활발하게 일어나서 조직적 차원에서 지식 창조가 잘 이루어질 경우, 과연 그것이 다른 기업이 모방할 수 없는 지속적인 경쟁 우위로 작용할 수 있을 것인가. 성급한 결론 같지만, 물론이다. 다만 그렇게 되기 위해서는 바니가 이야기한 바와 같은 네 가지의 조건 중 하나라도 충족시키지 않으면 안 된다. 노하우와 같은 눈에 보이지 않는 것과 달리, 스마트 오피스는 누구나 알아보기 쉬운 가시적인 인테리어 요소로 구성되어 있다. 때문에 다시의 모방을 방지하기는 어려운 일이지만, 관련 제도와 시스템, 그리고 눈에 보이지 않는 조직 문화를 포함한 운용 능력을 기준으로 생각할 경우, 모방을 어렵게 하는 일이 불가능하지만은 않다. 그것은 눈에 보이는 형태인 스마트 오피스라는 인공물 Artifact에 어떻게 하면 눈에 보이지 않는 조직적 노하우를 접목시킬 수 있을 것인가가 관건이 된다. 이 같은 관점에서 스마트 오피스의 구축 및 활용이 해당 조직의 경쟁력으로 작용하기 위해서는 다음과 같은 차원의 접근이 필요하다.

첫째, 선행자 이익을 최대한 누린다. 포드 자동차는 벨트 컨베이어 형태로 100년 전의 경영 혁명이라고 할 만한 테일러리즘을 가장 빨리 생산 현장에 접목시켜서 세계 시장을 제패했다. 스마트 오피스 도입으로 창조 경제 시대의 생산성을 좌우하는 화이트칼라의 스마트 워크를 남들보다 먼저 추진해 나간다면 21세기의 포드 자동차와 같은 존재가 될지도 모르는 일이다.

굳이 복잡계 이론을 들먹이지 않더라도 이미 경영의 세계에서도 정답은 존재하지 않는다고 보아야 한다. 선택 가능한 다양한 답들 가운데 무엇이 자신에게 가장 적합한지는 수많은 시행착오를 거쳐 보지 않고서는 모르는 일이다. 해 보지 않고서는 모르는 미지의 일이라면 남보다 한발이라도 먼저 시행하는 것이 선행자 이익을 추구하는 길이다. 또한 그 과정을 통해 시행착오를 최소화하는 최적의 경로를 나름대로 찾게 된다면, 경로 의존성을 높일 수도 있으므로 후발주자들이 쉽게 따라오지 못하도록 하는 또 하나의 요인으로 작용할 수 있다.

둘째, 스마트 오피스를 눈에 보이는 형태에 국한시키지 않는다. 스마트 오피스가 과거와 다른 것은 ICT의 발전 때문이다. 여기에 스마트한 제도와 시스템, 그리고 스마트한 조직 문화를 더한다. 보이는 것을 보이지 않는 것으로 지속적으로 진화, 발전시켜 나간다면 충분히 모방 가능성을 낮출 수 있다. ICT의 발전으로 아무리 모바일 워킹이 자유로운 시대가 되었다고 하더라도 결과에 의한 목표 관리 및 평가에 대한 방법론, 그리고 그러한 제도와 시스템을 받아들이는 조직 문화가 정립되어 있지 않으면 모바일 워킹은 어디까지나 보조적인 수단으로서의 의미밖에 지니지 못한다.

많은 투자를 통해 형태적으로는 모바일 워킹이 가능한 스마트한 오피스 환경을 만들었다고 하더라도 무형의 변화가 뒤따르지 않으면 진정한 의미에서의 스마트 워크가 이루어지고 있다고는 할 수 없다. 더구나 제도나 시스템, 그리고 조직 문화 등의 요소는 인공물이 아니라 감정을 지닌 사람들에 의해 그 운용이 좌우되는 것이므로 변화의 여지가 많다. 제도나 시스템 심지어는 조직 문화적인 구성 요소까지 벤치마킹했다고 하여 그대로 따라할 수 있는 것이 아니다. 즉 같은 형태의 스마트 오피스라 하여도 그 운용은 천태만상일 것이며, 그중 어떤 부분이 경쟁력으로 연결되는가는 전략을 실행하는 조직 능력에 달려 있다.

전략 실행의 수단으로서의 스마트 오피스

그러나 한마디로 전략이라고 표현해도 그 안에는 많은 해석의 여지가 있다. 여기서 강조하고 싶은 전략론의 중요한 포인트 중 하나는, 전략이란 전쟁터Battle Field 결정과 관련이 있다는 사실이다. 만약 어느 군대가 기마대를 보유하고 있다면 산악 지대를 피해 넓은 평원을 전쟁터로 삼아야 하는 것과 같은 이치다. 다양한 글로벌 경쟁 환경 안에서 시장 쟁탈전을 벌이고 있는 기업 역시 유리한 전쟁터를 선택하는 것이[25] 기업의 사활을 좌우한다. 이것은 자신들이 지니고 있는 핵심 자원과 조직 능력을 잘 발휘할 수 있어야 한다는 이야기다. 바로 이 조직 능력도 눈에 보이지 않는 경쟁력을 포함하는 개념인 만큼, 다양한 관점에서 해석 또는 정의가 가능하다.

후지모토 다카히로藤本隆宏, 2006에 따르면 어떤 기업의 조직 능력이란 그 조직 전체가 지니고 있는 특유의 행동력이나 지식 체계를 뜻한다.[26] 이는 기업의 경쟁력이나 수익에 영향을 미쳐 장기적으로 기업 간 차이를 가져온다. 따라서 경쟁사가 모방하기 어려운 것으로 우직하게 구축해 나갈 필요가 있다. 지금까지 기업의 경쟁력이나 조직 능력 향상과 관련해서는 주로 연구 개발Research and Development, R&D 등의 기술 능력이나 제품 개발력 또는 생산 관리 능력 등이 주목을 받아 온 것이 사실이다. 그러나 1989년 하멜Hamel과 프라할라드Prahalad가 이야기한 바[27]와 같이 경영 계획이나 기존의 경영 자원의 한계를 넘어서는 목표를 위해 도전하는 용기 있는 경영자도 필요하고, 연구 개발이나 생산 현장에서 경영진을 보조하는 스태프 조직이나 종업원 개개인의 의욕과 노력도 불가결하다.

콜리스Collis와 몽고메리Montgomery의 주장에 따르면 조직 능력은 유형 자산이나 무형 자산과 달리 투입 요소는 아니다.[28] 조직이 인풋을 아웃풋으로 변환시키기 위해서 준비한 자산, 인재, 프로세스의 복잡한 조합 방식조직 루틴이며, 이 조직 루틴이 기업의 효율성을 좌우하는 경우가 많다. 경쟁사와 똑같은 투입 요소를 사용하는 경우에도 기업은 자사의 뛰어난 조직 능력에 의해 프로세스의 효율을 올리기도 하고, 아웃풋의 품질을 높이기도 해서 보다 나은 제품과 서비스를 창출하는 것이 가능하다.

자신의 핵심 자원과 조직 능력을 확인하고, 그것을 가장 잘 활용할 수 있는 전쟁터를 선택했다고 하면, 그다음에는 전 조직 구성원들이 하나가 되어 승리를 위해 다양한 활동을 벌여 나가야 한다. 스마트 오피스의 구축 및 활용은 이때 그러한 활동을 처음부터 끝까지 돕는 유용한 도구가 될 수 있다. 스마트 오피스는 가시적인 인공물의 구축을 통해 회사의 의지와 메시지를 사원들에게 체감시킬 수 있는 좋은 수단이다. 또 회사의 전략에 따른 독자적인 발상에 의한 공간 디자인을 구현함으로써, 그곳을 이용하는 조직 구성원들에게 끊임없이 자신들의 아이덴티티와 소속감을 확인시켜 줄 수도 있다. 뿐만 아니라 뒤에서 살펴보게 될 우치다 양행內田洋行의 사례에서와 같이, ICT와 새로운 개념의 공간 디자인을 잘 활용하여 일하는 장소Work Field와 일하는 방법Work Style이 동기화된Synchronized 혁신을 추진함으로써 과거와는 차원이 다른 비즈니스 프로세스의 혁신뿐 아니라, 고객들에게 새로운 가치도 제공할 수 있다. 즉 스마트 오피스의 도입은 경영 혁신의 새로운 방법론이라고도 할 수 있는 것이다.

표 1-2. **전략 실현 수단으로서의 스마트 오피스**

구축 방향	활용 의의

지식 창조 행동을 유발시키는 공간
ICT · 공간 디자인 · 일하는 방식의 결합
 	
• 조직 정체성을 확립하는 전략별 독자적 발상에 의한 공간 디자인
• ICT 적극 활용
• 관련 제도, 시스템 정비
• 변화 관리 및 조직 문화 개선을 위한 다양한 활동 추진
	• 경영 혁신의 새로운 방법론
	  – 새로운 가치 창조
	  – 비즈니스 혁신 지원
	  – 비즈니스 프로세스 재설계(Business Process Reengineering, BPR)의 일환인 시설물 관리 (Facility Management, FM)
	• 소통과 혁신의 툴
	  – 동료 간 커뮤니케이션 촉진
	  – 열린 공간, 우연함, 시너지 효과
	• 신속한 의사 결정 지원 툴
	  – ICT를 통한 융 · 복합
	  – 업무 프로세스 혁신
	• 창조성 자극
	  – 호기심, 생각하는 힘 배양

이상에서 논의한 내용을 기반으로 스마트 오피스 구축 및 활용의 의의를 재정리한 것이 위의 표 1-2이다.

제2장

지식 창조 공간의
진화와 발전

오피스는 더 이상 정보의 효율적 처리만을 목적으로, 안락하고 편리하게.
불평불만 없이 일할 수 있는 공간에 머물러서는 안 된다. 개인과 집단의
창의성을 자극하고 시너지가 발휘되는 공간으로 변모해야 한다.

지금 일하는 이 공간이 바로 사무실이다.

정보 처리 공간에서
지식 창조 공간으로 진화하는 오피스

오피스의 역할과 기능의 진화

앞서 언급했던 바와 같이 과거 100년간은 대공장 체제하에서 블루칼라 중심의 작업 방식이 지배하던 시기로 화이트칼라가 일하는 사무실 역시 그러한 사고방식에서 자유로울 수 없었다. 물론 1910년대와 지금의 오피스는 그 모습이 대단히 많이 변화한 것이 사실이다. 흑백 영화에 등장하던 타이피스트들이 줄지어 앉아 있는 1920년대 오피스의 모습과, 오늘날 많은 기업의 오피스를 직접 비교하기는 어려운 일이다.

다만 이케다池田, 2007가 지적하는 바와 같이 컴퓨터 앞에 앉아 하루 종일 작업하는 사람들이 감시를 받고 있다는 점에서는 본질적으로 달라지지 않았다.[29] 즉 옛날이나 지금이나 오피스는 모두 제레미

벤담이 이야기하는 '파놉티콘'의 세계에 다름 아니라는 것이다. 이케다에 따르면, 미셸 푸코가 『감시와 처벌 — 감옥의 역사*Surveiller et punir*』에서 예를 들고 있는 파놉티콘Panopticon은 근대 감옥의 모델이다. 중심부에 배치된 수위守衛가 주위를 한눈에 바라볼 수 있어서 모든 죄인들의 모습을 알 수 있게 설계된 건물로 감시監視의 사상思想이 공간의 형태로 구현된 것이다. 여기서 푸코는 수위에게는 죄수들이 보이지만 죄수들에게는 수위가 보이지 않으므로, 실제로 수위가 보고 있든 아니든 죄수들은 항상 감시당하고 있다는 의식하에서 행동하게 된다는 점을 지적한다.

미셸 푸코는 최소 인원의 감시자로 얼마나 효율적으로 공간을 지배할 수 있을 것인가, 그리고 죄수들 스스로가 그들의 행동을 제약하도록 할 것인가 라는 감시 사회의 상징을 파놉티콘에서 찾았다. 오늘날의 오피스에서도 중간 관리자의 시선에 의해 작업자들의 행동이 제약을 받고 있는 것은 변함이 없다. 감시하고 있는 중간 관리자들도

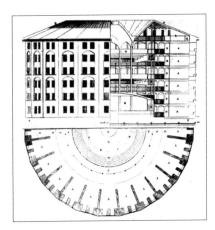

그림 2-1. **벤담의 파놉티콘**

경영자에게 고용되었다는 점에서는 작업자들과 같으므로, 서로의 시선에 의해 긴장 관계가 형성되게 함으로써 근무 태만을 회피하도록 해 온 것으로 볼 수 있다고 이케다는 말한다.

다시 말하자면, 공장이든 사무실이든 소위 '감시의 사상'이 그 근저에 있었다는 것인데, 이는 작업자 개인이나 조직이나 자율과 창의가 요구되는 앞으로의 시대라고 하더라도 변하지는 않을 것으로 생각된다. 가령 모바일 워킹이 일상화되어 관리자의 시선으로부터 작업자가 안 보이게 되더라도 일을 제대로 하고 있는지 아닌지에 대해서는 어떠한 방법으로든 모니터링이 이루어질 것이기 때문이다. 감시의 대상이 사람의 행동이 아니라 작업의 내용이나 결과로 바뀌는 것뿐이다. 다만 이 경우에는 사무 환경을 생각할 때에도 작업자의 태만을 감시하기 위한 것이 아니라, 어떻게 창조적인 행동을 촉진시킬 것인가라는 쪽으로 생각을 바꾸어야 할 것이다.

군이 드러커의 이야기를 빌려올 필요도 없이 지식 노동자, 즉 화이트칼라의 생산성은 양이 아니라 질의 문제이다. 대량 생산, 대량 소비 사회에서처럼 '어떻게 효율적으로 일할 것인가'에 대한 방법론을 중시하는 것이 20세기적 경영이라면, 고객과 자신들에게 보다 부가 가치가 높은 제품과 서비스를 창출하지 않으면 살아남기 어려운 것이 21세기 창조 경제 시대의 경영 현실이다. 즉 정해진 목표를 어떻게 빨리 잘 달성할 수 있을 것인가에 대한 수단을 중시하는 '어떻게How의 시대'에서 해야 할 일 자체를 잘 발굴하고 제대로 된 목적이나 목표의 설정을 중시하는 '무엇을What의 시대'로 변화하지 않으면 안 된다. 오피스 환경도 그러한 패러다임의 변화에 적응해 나가야 함은 물론이다.

그러기 위해서 물리적으로 행동을 감시하기 쉬운 환경을 조성하고, 모든 직원들을 똑같은 존재로 취급하며 불필요한 행동을 제거하는 구태에서 벗어나야 한다. 개성을 존중하고, 팀워크에 의한 집단 지성을 중시하며, 모바일 워킹을 포함한 다양한 워크 스타일에 대응할 수 있도록 일하는 환경과 일하는 방법이 바뀌어야 한다. 이는 오피스의 역할과 기능이 과거와는 달라야 한다는 의미기도 하다. ICT의 발달과 다양한 기능을 가진 사무기기의 도입에 의해 오피스는 업무 효율을 높이는 곳이라는 의미가 추가되었지만, 거기에 머물러서는 안 된다. 지금까지는 없었던 제품이나 서비스를 창출하고, 새로운 비즈니스 모델을 만들어 내는 장소로서의 의미가 보다 중요하다. 오피스가 지식 창조의 장으로 기능하지 않으면 안 되게 된 것이다.

그림 2-2. **오피스의 역할과 기능의 변화**

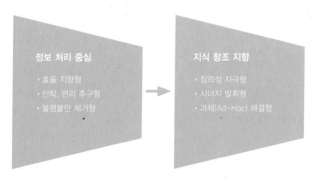

과거의 오피스가 주로 정보의 효율적인 처리를 목적으로, 작업자들이 안락하고 편리하게 일할 수 있거나, 불평불만을 해소시키는 수

준의 환경 조성에 머물렀다면, 앞으로의 오피스는 지식 창조 시대에 적합한 사무 환경으로 변화해야 한다. 즉 구성원 개개인의 창의성 및 집단 창의성을 이끌어 낼 수 있는 창의성 자극형 및 시너지 발휘형, 그리고 프로젝트 단위로 구성원들이 손쉽게 모였다 흩어질 수 있는 형태로 바뀌어야 하는 것이다.

사무 공간 형태의 진화

지식 창조의 장으로 기능하는 오피스를 만든다고는 해도 각자가 처한 상황에 따라 그 형태는 천차만별이다. 또한 새로운 오피스를 설계할 때에는 물리적으로 눈에 보이는 형태나 장소에 관한 것만이 아니라, 현재 변화하고 있고 또 변화해 나갈 것이라고 생각되는 사회 모습에 대해서도 충분히 의식해야 한다. 이와 관련해서 가장 중요한 것이 앞에서 잠깐 언급한 스마트 워크Smart Work라는 최근의 흐름이다. 이미 ICT 도구를 활용하여 사외社外에서도 대부분의 업무를 처리할 수 있게 되었지만, 아직도 매일매일 출퇴근을 반복하고 있는 구태의연한 업무 관행이 스마트 워크 및 스마트 워크 센터의 보급과 더불어 크게 변화하려 하고 있기 때문이다.

이케다는 이와 같은 사회 환경의 변화에 발맞춰 지금부터 변화해 나갈 오피스의 형태로 '팀 포털Team Portal, 프로젝트 공간Project Space, 대여 공간Rental Space, 공공장소Public Office, 홈 오피스Home Office'라는 다섯 가지 유형을 제시하고 있다.

그림 2-3. **향후의 오피스 유형**

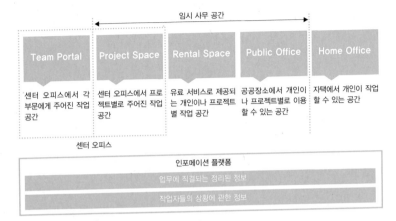

출처: 이케다(2011)

　현재는 매일매일 센터 오피스Center Office에 출근하여 그곳을 근거지로 삼고 목적에 따라 외출하는 업무 방식이 일반적이다. 그러나 최근에는 WLB에 대한 배려로 주중 며칠은 집에서 일하도록 하는 방식도 늘어나는 추세에 있다. 즉 향후에는 이러한 두 가지의 공간 사이에 임시로 다양한 형태의 사무 공간이 출현할 것이므로 이를 활용하여 자신에게 맞는 형태의 사무 공간을 적극적으로 나누어 쓰는 새로운 방식이 정착한다는 주장이다.

　이때 작업자들이 어떤 공간에서 일을 하든 다른 조직원의 상황을 공유할 수 있는 인포메이션 플랫폼Information Platform이 정비되어 있어야 한다. 스마트 폰 앱을 통해서든, PC의 네트워크를 통해서든 작업자들은 어떤 형태로든 연결되어 있어야 하며 이 사실을 모두 인지해야, 같은 사무실에 있는 것처럼 서로 의견을 구하기도 하고, 협업할 수 있다. 굳이 대규모의 투자가 필요한 시스템을 구축하지 않아도 카카오톡, 라인, 챗온 등과 같은 스마트 폰 앱이나 PC용 메신저를 활용하여 일을 하는 경우도 생각해 볼 수 있다.

센터 오피스의 진화형 : 변동 좌석제

비록 다양한 형태의 임시 오피스가 진화한다고 해도 기업 본사로서의 센터 오피스 기능은 여전히 매우 중요하다. 인포메이션 플랫폼의 거점 역할 때문이기도 하지만, 기업 자체의 정체성을 센터 오피스를 통해 구현한다는 상징성도 있기 때문이다. 어느 회사나 사무실이 있는 건물 로비에 들어가면 그 회사의 독특한 이미지가 연출되어 있는 것을 볼 수 있는 것과 마찬가지다. 본사에 새롭게 구축되는 센터 오피스는 그 회사가 지향하는 업무 방식을 대변한다고 볼 수 있다.

센터 오피스의 변혁과 관련, 가장 주목해서 보아야 할 부분이 변동 좌석제 도입이다. 변동 좌석제는 서구에서 'hot desking', 'non territorial office', 'shared office', 'hotelling office'라고도 불리는 것으로서 일본에서는 대부분 '프리 어드레스Free Address 제'라는 이름으로 정착되었다. 일본의 총무 부문 전문지인 《월간 총무月刊總務》에 따르면, 변동 좌석제는 공간을 절약할 목적에서 출발하였으나, 지금은 또 다른 의의가 많이 부가되었다. 원래 변동 좌석제는 조직 구성원들이 고정된 좌석을 갖지 않고 재적 인원보다 적은 수의 작업대를 공동으로 이용함으로써 공간이나 가구 비용을 절감하기 위해 고안되었다. 따라서 외출이 잦은 영업이나 서비스 부문에서 많이 채택했으며, 그 대상이 되는 사원들의 업무 방식도 크게 변화하였다. 기본적으로 직행직귀直行直歸*를 원칙으로 하고, 필요에 따라 회사로 들어오도록 하는 업무 형태로, 효과를 올린 기업에서는 개인 좌석의 70퍼센트를 없앤 사례도 있다. 그런데 최근 수년간 그 목적이 크게 바뀌어 비용 절감 이외의 효과가 부각되어 현재는 오히려 다음과 같은 부수적인 효과를 더 노려 변동 좌석제를 도입하는 기업이 늘고 있다.

첫째는 커뮤니케이션 활성화 효과다. 직위나 부서의 경계를 넘어 변동 좌석제를 도입함으로써 사내의 모든 사람들과 커뮤니케이션이 가능해지고 정보 공유나, 지혜 및 지식 배양이 가능해진 것이다. 회의나 공식적인 협의 등과 같은 형식적인 커뮤니케이션이 아니라 자연 발생적인 비공식적Informal 대화 속에서 생각지도 못한 성과를 만들어 낼 수 있다.

둘째는 협업의 증가다. 그날의 업무에 필요한 사람들과 자유자재로 그룹을 만들어 적당한 좌석을 골라 협업할 수 있기 때문에 지적 생산성 향상의 유효한 수단이라는 인식이 확산되었다.

셋째는 보안의 강화 측면이다. 변동 좌석제는 매일매일 좌석을 바꾸는 것이 원칙이므로 귀가나 외출 시 책상 위의 서류나 PC 들을 방

---

* 영업 사원들이 회사로 출근하지 않고 고객이 있는 곳으로 바로 갔다가 일과 시간이 끝나면 회사에 들어오지 않고 바로 귀가를 할 수 있도록 하는 제도.

치해 둘 수 없다. 업무 외 시간에는 책상 위에 아무것도 없는 상태이므로 정보가 유출될 가능성이 그만큼 적어진다. 또 많은 서류로 작업할 경우 귀가 시 그만큼 정리 정돈에도 시간이 걸리므로 가능한 한 서류를 줄이려는 의식도 생기게 된다.

다만 변동 좌석제와 보안 관계에 대해서는 상반된 의견이 존재한다는 사실도 염두에 두어야 한다. 관계없는 부문 사람들이 옆에서 일하는 도중 잡담을 통해 기밀 사항이 유출될 가능성이 있다는 지적이 그것이다. 또 변동 좌석제는 기본적으로 와이어리스Wireless 환경을 채택하는 경우가 많아 오히려 보안이 취약하다는 의견도 있다. 반면 클라우드 컴퓨팅 환경 등을 활용하게 되면 개인의 PC가 아니라 중앙 시스템에 자료가 축적되므로, 업무 자료 작성 및 유출 관계를 모니터링할 수 있어 보안상 도움이 된다는 의견도 있다.

그림 2-4. **변동 좌석제 도입 시 필요한 개인 사물함**

마지막으로 환기 효과를 들 수 있다. 업무 환경이 매번 달라지므로 무의식중에 신선한 기분으로 일하는 게 가능하다. 마음에 드는 좌석을 선택하기 위해 일찍 출근하는 사원도 나타난다. 변동 좌석제의 환기 효과는 단순히 개인 좌석을 선택한다는 것만이 아니라 이를 도입함으로 절약되는 공간을 어떻게 활용하는가에 따라 크게 달라질 수 있다. 이상에서 설명한 부가적인 목적들이 커졌다고 하여 원래의 도입 목적인 공간 절감 효과가 사라지는 것은 아니다. 남은 공간에 적절한 휴게실이나 다양한 형태의 커뮤니케이션 공간을 설계할 경우 환기 효과는 물론 커뮤니케이션 활성화 등 다른 효과들의 증진을 함께 기대할 수 있다.

그러나 변동 좌석제에 장점만 있는 것은 아니다. 기대하는 효과를 얻기 위해서는 다음 표 2-1에서 지적하는 장단점을 신중히 검토하고, 도입의 범위부서나 대상자나 조직 및 개인의 입장을 잘 고려하여 진행해야 할 것이다.

표 2-1. **변동 좌석제의 장단점**

장점	단점
• 업무 내용에 따라 일하는 장소 선택	• 다른 사람이 어디에 있는지 알기 어려움
• 귀가 시 자리 정돈을 통해 일상적으로 업무나 자료의 정리 진척	• 서류 중심 일처리 방식을 변화시키지 않으면 자료가 줄지 않고 불만이 쌓임 • 매일 업무 준비와 뒷처리를 해야 하는 번거로움
• 프로젝트 멤버가 모여서 일을 하게 되는 등, 협업을 활발히 할 수 있음	• 이용하는 좌석이 고정화되면 커뮤니케이션 유발 효과를 기대할 수 없음

• 다양한 사람들과 만나 이야기가 확산될 가능성이 많음	• 업무상 기밀 정보가 누설될 위험이 있음
• 자료나 사무용품의 공유화	• 자료나 사무용품의 관리자 필요
• 부문 간 커뮤니케이션 활성화	• 상사와 부하의 커뮤니케이션 감소
• 공간 공유에 의한 효율화, 사무 공간 운영 비용 절감	• 자기 좌석이 아니라는 것에 대한 근본적인 불만 • 공간 절약만이 목적일 경우 반발의 원인이 됨
• 재석률이 낮을 경우 책상을 넓게 쓸 수 있음	• 재석률이 높을 때는 좁거나 희망하는 좌석에 앉지 못함
• 조직 변경에 대응하기 쉬움(운영 비용 절감)	• 운용을 정착시키기 위한 룰을 지키는 번거로움

출처: 일본 오피스유스웨어매니지먼트연구회(2012)*30)*

표 2-1에서 커뮤니케이션의 활성화와 관련하여 주목할 만한 지적은 부문 또는 개인 간의 수평적인 커뮤니케이션은 활성화되는 반면, 상사와 부하 간 수직적인 커뮤니케이션은 감소한다는 것이다. 이는 생각보다 큰 문제로 어떤 형태로든 보완책이 마련되어야 하는 부분이다. 관리자 입장에서 대면Face to Face 형식의 업무 형태가 훨씬 더 효율적이라고 생각하게 되면 변동 좌석제가 좀처럼 정착하기 어려워지기 때문이다. 즉 관리자들에게 직원들이 눈에 보이지 않아도 무조건 일하고 있을 것으로 믿으라고 강요하기보다는, 제도나 시스템적으로 보완책을 마련하여 관리자도 안심할 수 있도록 해야 한다.

그 구체적인 방법 중 하나는, 결과를 중시하는 평가 보상 제도를 정착시키는 것이다. 문제는 과정을 묻지 않는다고 하면 많은 반발이 예상된다는 데 있다. 과거에 결과가 좋지 않아도 노력 자체를 높이 사는 관행이 많기도 했고, 결과가 좋다고 반드시 개인의 노력 덕분이라고 단정하기 어려운 부분도 많이 존재하기 때문이다. 또는 과정을 묻지 않는다고 하면 목표 달성을 위해서 불법적인 방법을 동원해도 괜찮다는 말이냐는 반문도 있을 법하다. 그러나 이러한 문제는 모두 수치로 나타나는 양만을 결과로 보기 때문에 일어나는 현상이다. 따라서 자사의 상황에 맞게 일의 결과에 대해 양과 질을 종합적으로 평가할 수 있는 독자적인 방법 개발이 필요하다. 여기서 독자적이라 한 것은, 아무리 객관적으로 보아 좋은 방법이라고 하더라도 조직 구성원들이 납득하지 않으면 아무 소용이 없기 때문이다. 이 부분은 조직 문화 등의 차이로 인해 각각의 조직에서 많이 다르게 나타난다.

관리자를 안심시키는 또 하나의 방법은, 관리자들이 ICT 도구를 활용하여 언제 어디서나 조직 구성원들의 일하는 모습을 확인할 수 있는 시스템을 구성하여 제공하는 것이다. 이는 말하자면 관리자들을 조지 오웰이 말하는 '빅 브라더Big Brother'와 같은 존재로 만들자는 것인데, 여기에도 어느 정도 수준까지 감시를 허용할 것인가라는 문제가 있다. 시스템 투자 여력도 문제지만, 모니터링 수준에 대한 조직 내 합의가 있어야 한다. 온라인 연결 여부만 체크할지, 단말기로 작업하는 내용까지 확인하게 할지, 감시용 카메라로 일하는 모습까지 확인할지, 근무 시간 내에만 확인할지, 아니면 다 무시하고 정해진 납기에 올라오는 결과물만 체크할지 등이 모두 중요한 이슈이다. 이러한 이슈들은 합의를 이루기도 어렵지만, 설사 조직 내 합의가 이루어졌다고 해도 프라이버시 등과 관련하여 법적으로도 용인될 수 있는지 여부가 또 문제로 남는다.

오피스 콩세르쥬

지식 창조성을 높이기 위해 중요한 또 하나의 공간 운용 방법론으로서 중요한 것이 '어떻게 작업자들을 업무에 전념하게 만들 것인가'라는 문제다. 즉 작업자들이 자신의 업무에 전념할 수 있도록 비핵심 업무를 지원해 주는 기능이 필요하다는 것인데, 이를 일본의 오피스 웨어매니지먼트연구회에서는 '오피스 콩세르쥬Concierge'라 명명하고 있다. 콩세르쥬라는 말은 19세기경에 사용되기 시작한 프랑스어로 큰 건물이나 중요한 건물의 관리인, 키 맨Key Man, 호텔의 접객 담당을 의미하는 용어다. 귀찮은 일을 대신해 주는 사람이라는 뜻으로 사용되기도 하지만, 지혜와 경험을 제공해 주는 인물이라는 의미가 더 크다.

이러한 지원 업무는 변동 좌석제가 아니라도 많은 기업들이 다양한 형태로 발전시켜 왔다. 공통의 서무 업무나 Q&A 등을 모아서 공동으로 지원하는 오피스 운용 지원형, 시설이나 기자재 등의 시설물 관리 지원형, 업무에 도움이 되는 정보를 집중 관리해 주는 정보 관리 제공형 등이 그것이다. 특히 변동 좌석제에서는 조직원의 동선을 고려해 집기들이 효과적으로 배치된 효율적인 공용 공간 등이 매우 중요하다.

시설물 관점에서 본 오피스의 진화와 발전 방향

오피스와 관련된 지금까지의 논의는 대부분 사무실 구조의 문제나 새로운 사무용 가구 구매, 아니면 새로 도입되는 ICT 기기 적용 등이 중심이었다. 하지만 다양한 모습으로 진화하고 있는 지식 창조 공간으로서의 오피스는 공조 시설이나 조명 등을 포함하는 전반적인 시설물 관점에서도 그 방향성을 생각해 볼 수 있다. 이와 같은 관점에서 도시샤同志社 대학의 미키 미츠노리三木光範 교수는 실내조명照明을 예로 들면서, 종래의 오피스가 고정적, 강제적, 평균적이었으므로 향후의 오피스는 가변성, 선택, 개별 적응성이라는 키워드를 중심으로 변화해야 한다고 주장한 바 있다.31)

일본에서 일반적인 오피스의 경우 일본산업표준JIS에 책상 면의 조도가 750룩스 이상이 되어야 한다고 규정하고 있다. 그러나 미키 교수가 PC 작업과 문헌 정리를 하는 열 명의 학생을 대상으로 실험해 본 결과에 따르면, 가장 높은 조도인 800룩스를 최적으로 생각하는 사람이 두 명, 가장 낮은 조도인 200룩스가 최적이라고 생각하는 사람도 두 명, 그리고 나머지 여섯 명은 400~600룩스를 적절하다고 대답했다. 일상적인 화이트칼라의 업무를 수행하는 최적의 조도는 200~800룩스로 다양한 동시에 개인차가 크고 같은 사람이라도 시간대, 업무 내용 또는 몸의 컨디션 등에 따라 희망하는 조도가 다르다는 것이 확인되었다. 이를 정리한 것이 다음 그림 2-5이다.

즉 지식 창조 공간은 먼저 지식 창조 행동을 하는 개개인에게 최적화된 공간으로 설계할 것이 요구되므로, 실내조명도 개개인이 자

그림 2-5. **조명의 변화 방향**

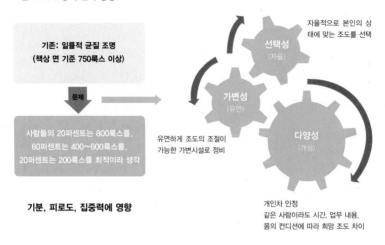

기존: 일률적 균질 조명
(책상 면 기준 750룩스 이상)

문제

사람들의 20퍼센트는 800룩스를,
60퍼센트는 400~600룩스를,
20퍼센트는 200룩스를 최적이라 생각

기분, 피로도, 집중력에 영향

선택성
(자율)

자율적으로 본인의 상
태에 맞는 조도를 선택

가변성
(유연)

유연하게 조도의 조절이
가능한 가변시설로 정비

다양성
(개성)

개인차 인정
같은 사람이라도 시간, 업무 내용,
몸의 컨디션에 따라 희망 조도 차이

출처: 미키 미츠노리(2009)를 기초로 필자 수정

율적으로 본인의 상태에 맞는 조도를 선택할 수 있는 스마트 오피스
로 바뀌어야 한다. 이를 위해서는 필요에 따라 유연하게 조도를 바꿀
수 있는 가변적 조명 시설로의 교체가 요구되는데, 이는 비용 절감
차원에서도 추진할 가치가 있다. 개인별로 최적이라고 생각되는 조
도의 기준이 표준 규격보다 낮은 경우가 많으므로 전반적으로 비용
절감을 가져올 수 있음은 물론, 최근 경제적이고 친환경인 LED 조명
의 보급으로 인해 초기 투자 비용만 감수할 수 있다면 장기적인 관점
에서 비용 절감으로 이어지기 때문이다.

바뀌어야 할 것은 조명만이 아니다. 사람에 따라 느끼는 체감 온도
가 다르므로 냉난방도 앞서 조명처럼 개인별로 적절한 온도를 선택
하고, 본인의 몸 컨디션에 따라 조절할 수 있도록 해야 하는 등, 인간

의 오감이 느끼는 환경적 요인 모두에 대해 종합적으로 고려할 필요가 있다.

이미 개별 공조에 필요한 기술적인 과제는 다 해결이 되었다고 보아도 무방하다. 직진성이 강한 스피커를 사용할 경우 옆 사람에게 피해를 주지 않고도 음악을 즐길 수 있는 시대가 되었다. 벽 등 인테리어 색상에 따라서도 업무 수행의 질이 달라진다는 연구 결과도 나와 있다.

그림 2-6. **오감 만족 지향으로 변화하는 사무 공간**

지식 창조 행동은 무엇인가

우리는 먼저 지식 창조 행동이란 구체적으로 어떤 것을 말하는 지 깊이 생각해 볼 필요가 있다. SECI 모델이라 불리는 지식 창조론은 일본의 노나카 이쿠지로野中郁次郎, 1995**32)**를 비롯한 일군의 학자들에 의해 발전되어 왔다. SECI 모델은 공동화Socialization, 共同化, 표출화 Externalization, 表出化, 연결화Combination, 連結化, 내면화Internalization, 内面化라는 네 가지 프로세스가 상호 작용하여 지식 창조가 일어난다고 말한다.

지식 창조론 주창자들은 일본 기업의 혁신Innovation 프로세스 연구를 통해 새로운 지식을 조직적으로 창조하는 방법론을 제안하고 있다. 이들은 폴라니Polanyi가 제시한 암묵지와 형식지의 개념에 주목했다. 암묵지란 구체적인 형태로 타인에게 전달하기 어려운 지식을 뜻하며, 노하우나 기술, 신념 또는 사물을 보는 관점 등에 관련된 사고思考에 대한 것이다. 반면에 형식지明示知란 말이나 문장, 그림이나 수치 등에 의해 표현이 가능하여 다른 사람들도 알기 쉬운 것으로, 형식적, 논리적 언어에 의해 전달 가능한 지식을 말한다. 이와 같은 암묵지와 형식지는 조직의 각 구성원에게 귀속되는 것이 아니라 서로 공유되면서, 암묵지가 형식지로, 형식지가 암묵지로 상호 변환이 이루어진다. 이러한 변환 프로세스의 순환을 통해 새로운 지식이 조직적으로 창조된다는 것이 SECI 모델이다.

노나카 교수 연구 그룹은 이러한 네 가지 프로세스가 끊임없이 순환하면서 개인 수준의 지식과 조직으로 공유된 지식 수준을 지속적으로 향상시키는 기업을 '지식 창조 기업'으로 명명하였다. 그 전제에는 기업이 보유하고 있는 지식도 경영 자원의 일종으로 경쟁 우위를 가져오는 중요한 원천이라는 인식이 깔려 있다. 최근 수 년 동안 일본에서는 SECI라는 각각의 지식 창조 프로세스를 유발하는 지식 창조 행동이 있을 것이라는 가정하에 추가적인 연구가 이루어졌는데, 그 결과 각 프로세스별로 다음 그림 2-7과 같은 열두 가지의 지식 창조 행동이 제시되었다.

즉 오피스 작업자들이 일을 하다 아무 생각 없이 주위를 배회하기도 하고, 누군가와 만나서 서로 보고 느끼고, 가볍게 얘기를 해 보고, 큰소리로 떠들며 브레인스토밍을 해 보고, 그림으로 그려 보든가 비유를 해 보기도 하고, 조사 분석을 하고 편집 축적을 하기도 하며, 진검 승부의 토론도 하고, 진단을 받거나 청취를 하기도 하고, 시험해 보기도 하고, 실천해 보고, 이해도를 높이는 행동 모두가 지식 창조

그림 2-7. **열두 가지 지식 창조 행동**

상호 자극
암묵지
→암묵지

② 접촉
③ 보고 보여지고 느끼고
④ 가볍게 얘기해 봄
⑤ 브레인스토밍

아이디어 표출
암묵지
→형식지

① 어슬렁거림
⑫ 이해도를 높임

작업자

⑥ 그려 보기 비유해 보기
⑦ 조사, 분석, 편집, 축적

자기화
형식지
→암묵지

⑪ 실천
⑩ 시험해 봄
⑨ 진단, 청취
⑧ 토의

정리
형식지
→형식지

출처: 일본 경제산업성 홈페이지 자료를 기초로 필자 수정

행동이라는 것이다.

일본에서는 이러한 연구가 경제산업성의 지원을 받아 노나카 이 쿠지로 교수와 몇몇 오피스 인테리어 관련 기업들이 포함된 사단 법 인 뉴오피스추진협의회33)를 주축으로 2007년 이후 일관되게 추진되 어 왔다. '크리에이티브 오피스Creative Office 조사 연구'라는 이름으로 추진된 이 일련의 연구는 초년도인 2007년에 위와 같은 열두 가지의 지식 창조 행동을 정리하는 등, 지식 창조와 관련된 기초 개념들을 정리하였다. 2008년에는 초년도에 정리한 개념들을 더욱 심화, 발전 시켜 크리에이티브 오피스의 구동력驅動力과 가속 장치加速裝置라는 개념 을 만들어 냈다. 또 경영자들을 대상으로 의식 조사도 실시하였는데, 이에 대해서는 뒤에서 조금 더 살펴보도록 하겠다. 3년차인 2009년 에는 크리에이티브 오피스의 효과를 정량화하기 위한 기법 개발을 추진하였고, 2010년 이후에는 과거 3개년 동안의 연구 결과를 기초

로 오피스 투자를 촉진하기 위한 다양한 활동들을 펼치고 있다.

지식 창조 공간

크리에이티브 오피스 관련 연구 결과 중 특히 주목할 부분은 열두 가지의 지식 창조 행동과 크리에이티브 오피스라는 공간 요소를 접목시킨 다음 표 2-2와 같은 내용이다.

표 2-2. **열두 개의 지식 창조 행동과 관련 행동을 유발하는 공간**

	지식 창조 행동	지식 창조 행동을 유발하는 공간의 예시
S:상호 자극	1. 배회	지그재그 통로, 이야기를 건네기 쉬운 구조의 집무 공간
	2. 접촉	잡담을 할 수 있는 커피나 음료를 제공하는 공간
	3. 보고, 느낌	유리벽이 설치되어 있거나 위에서 조망을 할 수 있어, 일하는 모습을 보기 쉽게 만든 집무 공간
E:아이디어 표출	4. 가벼운 대화	개방적인 소파 등이 있는 공간, 서서 이야기하기 쉬운 공간, 작업대 주변의 작은 테이블 등
	5. 브레인스토밍	약간 큰 이동형 테이블, 큰소리로 이야기해도 좋은 방음 시설이 되어있는 밝은 공간, 화이트보드가 있는 공간
	6. 그림, 비유	화이트보드를 같이 보면서 한 가지를 만들어 나갈 수 있는 공간
C:정리	7. 분석, 편집	전화 등에 방해받지 않고 조용히 컴퓨터 작업을 할 수 있는 공간, 과거 프로젝트 실적이나 타사 자료, 마케팅 데이터 등 사내 공유 자료실과 같은 공간, 자신의 업무에 필요한 서류 등을 보관하는 공간
	8. 토의	방음 회의실, 폐쇄되어 있고, 어느 정도의 거리가 확보되어 안심하고 말싸움을 할 수 있는 공간
	9. 진단, 청취	프로젝터가 있는 방, 권위적인 회의실, 긴장감을 가지고 발표할 수 있는 공간, 조용히 프레젠테이션 자료를 만들기 위한 공간

I:자기화	10. 시험	시험 제작이 가능한 간단한 공구류들이 있는 공간, 실험실
	11. 실천	상담 공간, 사외의 사람들이 가볍게 들락거릴 수 있는 전시 공간, 고객이 제품을 시험해 보고 생산 현장 등을 알 수 있는 공간
	12. 이해도 심화	연수실, 비디오 학습 등을 편하게 할 수 있는 공간, 모의 점포
S+E+C+I	1~12중 많은 행동	자기 좌석, 1~12개 중 가장 많은 행동을 하고, 재빨리 각 모드를 바꾸기 위한 공간

출처: 일본 경제산업성 홈페이지

이와 같이 지식 창조 행동을 유발하는 공간 구축을 통해 조직 구성원들의 지식 창조 행동이 활성화된다면, 기업 경쟁력 및 업적 향상을 기대할 수 있음은 물론이다.

지식 창조 행동, 지식 창조 공간 그리고 생산성

그런데 과연 지식 창조 행동과 생산성은 관계가 있는 것일까. 노나카 이쿠지로 교수 팀이 일본 경제산업성의 위탁을 받아 실시한 경영자 및 시설물 관리자를 대상으로 한 조사 결과에 따르면, 사무 공간 구성이 적절하게 이루어진 기업에서는 지식 창조 행동이 일어나고, 최근의 영업 이익 수준이 높다고 대답하는 상관관계가 다음 그림 2-8과 같이 나타났다고 한다. 또한 추가적인 관찰 조사에서는 지식 창조 행동의 약 80퍼센트가 개인 좌석 및 그 주변부에서 일어나고 있으며, 개인 좌석의 레이아웃이나 개인 좌석과 공용 존Zone의 관계가 작업의 집중도나 커뮤니케이션 스타일 및 정보의 공유도에 크게 영항을 미친다는 사실이 밝혀졌다고 한다.

그림 2-8. **지식 창조 행동과 생산성의 관계**

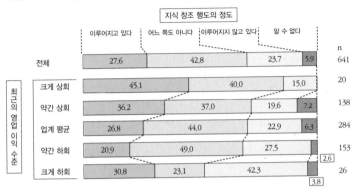

출처: 뉴오피스추진협의회(2010)

　다만 이와 같은 연구 결과에서 주의해야 할 것은 지식 창조 행동
과 최근 영업 이익이 마이너스 상관관계에 있는 기업도 상당수 존재
한다는 사실이다. 그림 2-8에서 보는 바와 같이 최근 영업 이익 수준
이 크게 올라간 기업의 45퍼센트가 지식 창조 행동이 일어나고 있다
고 응답하였지만, 영업 이익 수준이 크게 떨어졌다고 응답한 기업의
30.8퍼센트도 지식 창조 행동이 일어나고 있다고 응답한 것을 알 수
있다. 물론 영업 이익 수준이 크게 떨어지고 있는 기업의 경우, 지식
창조 행동이 일어나고 있지 않다고 확실하게 응답한 비율이 42.3퍼
센트로, 20퍼센트 전후인 다른 기업들에 비해 대단히 높은 수준이긴
하지만, 그래도 영업 이익 수준이 약간 떨어지고 있다고 응답한 기업
보다는 지식 창조 행동이 일어나고 있다고 응답한 사람들이 10퍼센
트 가깝게 많은 것도 사실이다.

왜 이런 현상이 생기는 것일까. 여러 가지 해석이 가능하겠지만, 한 가지 이야기할 수 있는 것은, 지식 창조 행동을 일으키려면 제대로 해야 한다는 것이다. 선진 기업들의 사례 등을 벤치마킹해서, 아니면 유행에 따라 여러 가지를 시도한다고 그것이 그대로 자신들의 생산성 향상으로 이어진다고 생각해서는 안 된다. 자신들의 독자적인 업무 관행이나 조직 문화 등에 대한 고려가 없이 겉으로 보이는 것들만 바꿀 경우 그 성과가 없거나 오히려 악영향을 미치기도 한다는 사실을 염두에 두어야 하는 것이다. 일본에서 추진하는 크리에이티브 오피스의 효과는 열두 가지의 지식 창조 행동을 촉발시키는 것으로 정의되어 있지만, 연구자들은 사례 조사 결과를 기초로, 커뮤니케이션의 활성화와 동기 부여 수준의 향상, 그리고 목표와 이념의 공유를 촉진시킨다는 부가적인 효과도 있음을 밝혀냈다.

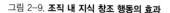

그림 2-9. **조직 내 지식 창조 행동의 효과**

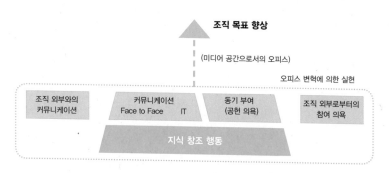

출처: 뉴오피스추진협의회(2010)

주목할 만한 것은 오피스가 목표와 이념의 공유에 효과적이라는 것인데, 이는 일반적으로 오피스의 레이아웃 자체가 조직의 가치관이나 조직 문화 또는 매니지먼트 스타일을 암묵적으로 표현하는 경우가 많다는 사실과 관련 있다. 몇몇 기업에서는 사무실 자체를 커뮤니케이션 매체로 생각하여 오피스를 통해 의도적으로 조직이 중요시하는 사항 등에 대한 메시지를 가시화하는 노력을 하고 있다고 한다.

한편 2008년도에 미즈호 총합연구소에서 실시한 일본 경제산업성의 위탁 조사 결과에서는 오피스의 환경 개선으로 업무 성과가 올라갈 것이라고 생각하느냐는 질문에 대해 오피스 작업자의 84.5퍼센트가 그렇다고 응답을 했으며, 젊은 층일수록 그런 생각을 많이 갖고 있다는 것이 판명되었다. 어찌 보면 그렇지 않다고 얘기하는 것이 이상할 정도로 당연한 결과라고 할 수도 있다. 다만, 같은 조사 내용 중에 취업할 회사를 고를 때에 오피스 환경이 중시되는가에 대한 질문에 대해서는 25.2퍼센트가 그렇다고 응답한 것에 비해, 회사를 옮기고자 할 때에 오피스 환경을 중시하는가에 대한 질문에 74.4퍼센트가 그렇다고 응답한 것은 매우 시사점이 크다. 또한 이 조사에서는 소득이 높을수록, 젊은 층일수록 지식 창조 행동에 오피스 환경이 중요하다고 생각하고 있다는 사실도 밝혀졌다.

어쨌거나 일본에서의 이러한 연구들은 우리가 막연히 그럴 것이라고 상정했던, 적절한 사무 공간의 구성과 지식 창조 행동, 그리고 기업의 성과 사이에 어느 정도는 상관관계가 있다는 것이 사실로 밝혀졌다는 의미가 크다. 적어도 우리는 사무 공간의 혁신이 지식 창조 행동에 많은 영향을 미칠 수 있고, 그것이 조직의 성과에도 기여할 수 있다는 확신을 가지고 고민을 할 수 있게 되었기 때문이다.

지식 창조 공간,
어떻게 조성할 것인가

　그렇다면 지식 창조 행동을 많이 일으키는 공간은 어떤 모습이어야 하는 것일까. 이와 관련해서는 이케다가 2005년에 제시한 '오피스 진화론'이 참고할 만하다. 이케다 역시 노나카 교수의 SECI 모델을 바탕으로, 업무 프로세스의 각 단계별로 일하는 장면Scene을 오피스 내에 실현시킨다는 구상으로 아홉 개의 공간에 대한 아이디어를 제시하였다. 즉 다음 그림 2-10과 같이 '아이디어를 내고, 굴리고, 정리'하는 것을 세로축으로, '혼자서, 주변 사람들과, 작업 팀 멤버와'라는 작업에 참여하는 사람들의 관계성을 가로축으로 하여 아홉 가지 종류의 일하는 장면을 연상하여 설정해 놓고, 각각에 적합한 공간과 필요한 도구들을 생각해 본 것이다.

그림 2-10. **지식 창조 공간의 주요 영역**

	혼자서	주변 사람들과	작업 팀 멤버와
아이디어 도출	**Flash Point** (무심, 창의) • 적당한 잡음 • 전철, 목욕탕, 화장실	**Refresh Park** (주위와의 교류) • 개방된 공간 • 카페, 파티장, 공원	**Brainstorming Space** (확산 회의) • 아이디어 일람 • 음식점, 회의실
아이디어 굴리기	**Work Point** (개인 작업) • 작업에 적합한 환경 • 일반 오피스, 자택	**Crossing Way** (타 분야 정보 수집) • 목적별 이벤트 공간 • 프리마켓, 전시회	**Workshop Space** (창조 회의) • 모든 정보 집합 • 합숙, T/F Room
아이디어 정리	**Think Point** (집중 작업) • 단절된 환경 • 집중 작업 부스, 서재	**Huddling Bench** (대화에서 힌트를 얻음) • 상의 및 상담 공간 • 라운지, 카페, 전철역	**Closing Decision Making** (의사 결정 회의) • 성과물에 집중 • 회의실, 강당

출처: 이케다 코우이치(2011)에서 수정 인용

예를 들어, 혼자서 아이디어를 내는 공간으로 제시된 플래시 포인트 Flash Point의 경우, 오피스와는 다른 분위기가 요구되며, 기분 전환이 가능할 것이 전제가 된다. 목욕탕이나 통근 전철 속에서 아이디어가 떠올랐다는 사람들이 많은데, 그러한 공간이 이에 해당된다고 하겠다. 참고로 2008년에 미즈호 총합연구소가 일본 전국의 오피스 작업자 2,400명을 대상으로 실시한 연구 결과를 보면, 아이디어가 떠오르는 장면에 대한 우선순위가 나와 있기에 소개한다. 그림 2-11

당연하다고 생각되지만, 자기 자리에서 일을 할 때가 55.4퍼센트로 가장 많았으며, 그 이외에는 통근이나 이동 중이 30.5퍼센트, 직장에서 아무 생각 없이 얘기를 하거나 잡담을 하고 있을 때가 29.1퍼센트, 귀가 후 또는 휴일 등 자택에 있을 때가 28.8퍼센트로 나타났다.

그림 2-11. **아이디어가 떠오를 때**

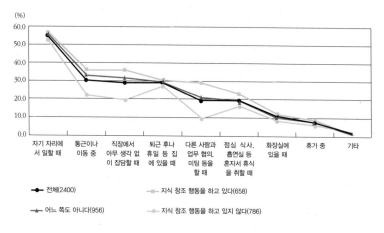

(%)

| 자기 자리에
서 일할 때 | 통근이나
이동 중 | 직장에서
아무 생각 없
이 잡담할 때 | 퇴근 후나
휴일 등 집
에 있을 때 | 다른 사람과
업무 협의,
미팅 등을
할 때 | 점심 식사,
흡연실 등
혼자서 휴식
을 취할 때 | 화장실에
있을 때 | 휴가 중 | 기타 |

⬥ 전체(2400)   ▪ 지식 창조 행동을 하고 있다(658)

▲ 어느 쪽도 아니다(956)   ● 지식 창조 행동을 하고 있지 않다(786)

출처: 일본 경제산업성 홈페이지

중요한 것은, 지식 창조 행동 실시도가 높은 작업자일수록 직장에서 잡담을 하고 있을 때나 다른 사람들과 회의를 하거나 협의를 할 때 아이디어가 많이 떠올랐다고 응답했다는 사실이다. 앞서 언급한 노나카 교수의 지식 창조 행동과 미즈호 총합연구소에서 조사에 활용한 지식 창조 행동에 대한 정의는 약간 다르지만, 회사에서 지식 창조 행동을 강화하려면 우연성Serendipity에 의한 커뮤니케이션이 일어날 수 있는 공간과 회의 공간의 구성이 매우 중요해진다는 것을 시사해 주는 부분이다.

지식 창조 공간을 구축할 때에 주의해야 할 것은, 이케다 자신도 지적하듯이, 이러한 아홉 가지 공간은 일하는 장면을 분류한 것에 지나지 않으며 반드시 그러한 공간들을 모두 같은 볼륨으로 만들어 놓아야 한다든가, 이 아홉 가지 공간 모두가 다 갖춰져 있어야 한다는 이야기는 아니라는 점이다. 경우에 따라서는 아이디어를 낼 필요가 그다지 없는 업무도 있고, 팀 작업 없이 혼자서 충분히 할 수 있는 업무도 많이 있기 때문이다. 즉 콘셉트를 가지고 공간을 설계하는 것이 중요하기는 하지만, 자신들의 업무 성격이나, 업무 수행 스타일을 잘 고려하여 각 영역별 가감은 물론, 각 영역을 넘나들 수 있는 융·복합 공간을 구상하는 것도 중요하다. 이케다가 제시한 동일한 모델로 사무 공간을 조성했다고 해도, 그 결과는 각기 다른 모습으로 나타나야 하는 것은 당연하다. 바로 이 부분이 해당 조직의 응용 능력을 보여 줄 수 있는 지점이기도 하고, 그것이 현실적으로 잘 운용될 때 타사와는 차별화된 조직 능력을 갖추었다고도 이야기할 수 있다.

이상에서 살펴본 내용을 기초로 지식 창조 공간을 구축할 때 고려해야 하는 공간 영역을 좀 더 단순화하면, 다음 그림 2-12에서 보는 바와 같이, 결국 개인 작업 공간, 팀 작업 공간, 휴게 및 교류 공간이라고 하는 세 종류의 공간을 어떻게 잘 꾸밀 것인가로 귀결된다고 할 수 있다.

그림 2-12. **지식 창조 공간 조성 시 주요 포인트**

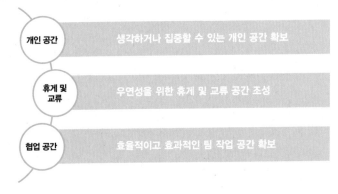

개인 공간	생각하거나 집중할 수 있는 개인 공간 확보
휴게 및 교류	우연성을 위한 휴게 및 교류 공간 조성
협업 공간	효율적이고 효과적인 팀 작업 공간 확보

지식 창조 행동의
가속 장치와 구동력

지식 창조 공간만 잘 만들어 둔다고 그곳에서 지식 창조 행동이 지속적으로 잘 일어날 것이라고 기대하기는 어렵다. 때문에 작업자들의 의식 개혁 및 목표 관리 제도의 혁신 등을 통한 변화 관리를 함께 추진할 필요가 있다. 이러한 변화 관리가 함께 추진되지 않을 경우, 아무리 지식 창조 행동에 적합한 사무 공간이 제공된다고 해도 작업자들은 종래와 같은 가치관에 얽매여 지식 창조 행동을 원활하게 수행하기가 어렵다. 예를 들어서, 암묵지를 암묵지로 또는 형식지로 이전시키기 위해서는 어느 정도의 잡담도 필수적인데, '사무실 내 잡담은 금물'이라는 조직 문화가 있다면 그러한 문화의 개혁이 필요하다는 이야기다.

일본의 연구자들도 조직 구성원의 의식을 개혁하는 가장 좋은 방법은 새로운 공간에 대한 계획, 설계 등의 프로세스에 중간 관리자와 각 부문의 리더들을 참가시키는 것이라고 지적한다. 새로운 오피스를 만들어 나가는 과정을 공유하면서 그의 의견이 반영될 뿐만 아니라, 그러한 오피스가 어떤 의도를 가지고 만들어지는가에 대한 각 참가자의 깊은 이해가 바탕이 되어 다른 작업자를 대상으로 전달자 역할을 잘 수행할 수 있기 때문이다.

일본의 연구자들은 또한 지속적인 지식 창조 행동, 즉 '지식 창조 행동의 연쇄連鎖'에 의해 지식 창조 사이클을 돌린다는 개념을 생각했다. 지식 창조 사이클을 돌리는 중심 힘을 '구동력', 각 지식 창조 행동을 연쇄시켜 지식 창조 사이클을 원활하게 지속, 발전시키는 역할을 담당하는 것을 '가속 장치'라 명명했다.

구동력이란 조직 목표와 프로젝트 목표 달성을 위한 관리를 말한다. 프로젝트의 방향성을 결정하고, 프로젝트를 가동시키는 것은 조직 목표 달성을 위한 매니지먼트로 주로 경영층이 담당한다. 반면 계속 움직이게 하는 중심 동력은 프로젝트 목표 달성을 위한 매니지먼트이므로 이는 중간 관리자가 담당하게 된다. 즉 강력한 경영진의 리더십과 프로젝트 추진자의 역할이 구동력의 핵심 내용이 된다.

가속 장치로는 '공간, ICT 도구, 작업자의 지식 창조 행동에 대한 동기 부여' 등의 세 가지가 제시되었다. 이 외에도 커뮤니케이션 촉진을 위한 커피나 바나나 등의 음식물을 제공하는 경우도 가속 장치의 부품에 해당된다.

제3장

화이트칼라의 생산성 측정과 사무 공간 생산성[34)]

고부가 가치형 기업의 이익은 니즈와 해결책을 연결시키는 새로운 조합을 끊임없이 발견함으로써 생긴다. 일상적인 행동, 경험, 커뮤니케이션이 바로 지식 창조로 연결되어야만 하는 것이다. 이 상태가 유지되어야 화이트칼라의 생산성이 높은 기업이라 할 수 있다.

공간 구성 역시 창의성과 생산성 향상에 영향을 미친다.

효율성, 효과성, 그리고 시너지

　화이트칼라는 업무 성격상 투입량을 계산할 수는 있어도 성과로서의 산출량을 측정하기가 곤란한 경우가 많다. 따라서 블루칼라의 생산성처럼 투입량과 산출량을 가지고 그 생산성을 측정하기 어렵다. 일본에서는 전 노동자의 부가 가치 생산성을 먼저 계산한 다음 비교적 측정하기가 쉬운 블루칼라의 생산성 부분을 빼서 화이트칼라의 생산성을 측정하려는 편법까지 제안되기도 했다. 한마디로 화이트칼라라고 해도 그 속에는 업무 특성이 다양한 여러 직군이 있고, 최종적으로 단기적인 재무 성과로 연결되지 않는 창조적인 업무가 많으므로 실제로 개개인이나 특정 조직의 성과 측정으로 연결시키기 어려운 측면이 있었다.

　이와 관련하여 생각해 보아야 할 개념이 바로 효율성Efficiency과 효과성Effectiveness이다. 특히 화이트칼라 생산성의 경우 투입량과 산출량의 관계인 효율성만으로 측정하기가 곤란한 부분이 많기 때문에 효과성의 개념이 매우 중요하다. 물론 효율성과 효과성을 대립하는 개념으로 생각할 필요는 없다. 마호니Mahoney는 생산 프로세스 중 인풋에 대한 아웃풋의 비율에 의해 나타나는 생산성을 효율성의 척도로 삼았다. 또한 관련 부문의 목표나 주관적인 판단에 의해 측정되고 목표에 대한 실제 성과의 달성 수준에 관한 개념으로 효과성을 제시하고, 이 양자는 대립하는 개념이 아니라는 주장을 하고 있다.[35]

일본의 사회경제생산성본부에서도 연구 개발의 생산성 향상을 효율성과 효과성의 양면에서 생각할 필요가 있다는 점을 이야기한다. 효과성은 성과의 효용에 착안하는 것이며, 설정된 목표의 최적화와 관계가 있으나, 효율성은 목표 달성의 프로세스에 착안하는 것으로 최소의 자원 투입으로 목표를 달성하기 위한 수단과 프로세스를 고찰하는 것으로 간주된다. 구체적으로는 사람 및 조직, 연구 개발 환경, 방법 및 수단의 세 가지 프로세스가 효율 향상에 영향을 준다고 하며, 일상적인 행동 속에서 프로세스의 개선을 추진할 필요성을 역설하고 있다.[36]

즉 효율성에 초점을 둔 생산성은 업무 프로세스상 투입과 산출에 착안한 개념이며, 효과성에 초점을 둔 생산성은 창조적인 업무를 수행할 때에 요구되는 질적인 요건의 충족도에 착안한 개념이라고 할 수 있다. 또한 효율성과 효과성은 병렬 관계가 아니라 인과 관계라는 것에 주목하여 생산성에 대해 생각해 볼 필요가 있다.[37] 이는 창의성에 기반한 생산성이라는 개념과 같은 맥락이다. 그러나 아무리 효과성과 효율성을 동시에 고려하는 생산성 관리를 하려고 해도 많은 저해 요인 때문에 실천으로 옮기기는 쉽지가 않은 것이 현실이다.

그림 3-1. **생산성 개념의 변화**

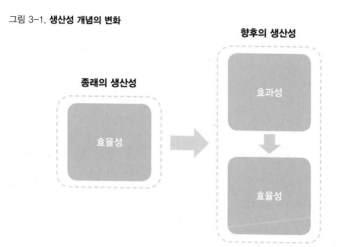

출처: 후루카와 야쓰히로(2006)에서 수정 인용

　화이트칼라의 업무 수행 결과는 새롭게 창조된 아이디어나 정보, 지식, 기획안, 정보 분석 보고서 등 정량적으로 측정하기 어려운 것이 많다. 따라서 장시간 노동이나 노동·시간의 단축에 의한 생산성의 향상 등 정량적으로 파악하기 쉬운 인풋에 중점을 두는 경우가 많았다. 이는 '사무실에서 보내는 시간의 길이가 곧 기업에 대한 헌신, 몰입'이라는 사고방식을 바꾸지 않는 한 화이트칼라의 생산성 향상은 요원하다는 것을 의미한다. 또한 화이트칼라의 업무 내용이 매우 애매하게 제시되어 있는 경우가 많고, 그 업무 프로세스가 눈에 보이지 않는다는 것과 타인이나 자신과는 상관없는 업무로 인해 방해를 받는다던가, 업무가 단절되는 경우가 많아 집중하기 어렵다는 것도 효과적으로 일할 수 없게 하는 요인이다. 하지만 ICT의 발달로 지금까지와는 차원이 다른 업무 프로세스 관리와 성과 관리가 가능하게 되었으므로, 보다 새로운 관점에서 대책을 강구하고 실천해 나가야 할 것이다.

후루카와 야쓰히로가 인용하고 있는 연구 결과에 따르면, 고부가 가치형 기업의 경우 이익은 규모와 양으로 규정되는 것이 아니라, 니즈와 해결책을 연결시키는 새로운 조합을 끊임없이 발견함으로써 생긴다. 직장에서 매일 하는 행동, 경험, 커뮤니케이션, 유연성 등이 지식 창조로 연결되어야만 하는 것이다. 이 상태가 정상적으로 일어나고 있는 기업이야말로 화이트칼라의 효과성이 높은 기업이라고 할 수 있는데, 그 효과성은 화이트칼라의 행동 타당성, 화이트칼라의 풍부한 경험, 커뮤니케이션의 적절성, 화이트칼라의 유연성 등을 기준으로 측정할 수 있다. 다만 그 달성도의 측정은 어디까지나 주관적인 판단에 의거한 것이므로 정량적인 지표로 비교하기 곤란하다는 문제는 여전히 남는다.

이와 같은 관점을 기초로 후루카와는 설문 조사 형식의 화이트칼라 생산성 측정을 제안하고 있다. 효과성은 특정의 단일 지표로 측정할 수 없으며 업무의 내용이나 측정의 수준 등에 따라 관점이 달라진다. 이를 전제로 화이트칼라에게 요구되는 전문적인 문제 해결 능력이나 문제 해결을 위한 상호 조정 능력을 반영할 수 있는 평가 항목을 도입하자고 주장하는 것이다. 구체적으로는 '아이디어가 바로바로 떠오른다.' '행동의 타당성이 높다.' '풍부한 경험을 가지고 있다.' '적절한 커뮤니케이션이 가능하다.' '유연한 의사 결정이 가능하다.'

'신속한 의사 결정이 가능하다.' '정보 전달력이 높다.' '업무에 대한 의욕이 높다.' 등의 요건을 갖춘 사람들을 효과성이 높은 화이트칼라로 산정한다. 그리고 이와 같은 요건을 반영하는 질문으로 설문을 구성하면 효과성에 초점을 둔 화이트칼라의 생산성 측정이 가능해진다.

목표 관리 사이클의 정착과
동료 효과 활용

한편 나카무라 케이스케中村圭介 등은 화이트칼라의 생산성 관리와 관련하여 매우 독특한 관점을 제시하고 있다. 즉 수십 년 동안 화이트칼라의 생산성을 둘러싼 논의가 있었음에도 결론이 나지 않고 혼란스러운 원인 중 하나가 화이트칼라의 생산성 측정 문제에 너무 집착하기 때문이라는 것이다. 공장이라면 생산량을 객관적으로 파악할 수 있고, 공수, 불량률, 원가 등을 지표화함으로 블루칼라의 생산성도 측정할 수 있어서 어떻게 하면 생산성을 향상시킬지 생각하기 용이하다. 하지만 화이트칼라의 경우 무엇을 지표로 생산성을 측정할 것인가에 대한 합의가 이루어지기 어려우므로 그 측정이 곤란하고, 따라서 효과가 있었는지 어떤지 알 수 없게 되어 논의가 끝나지 않는다. 이러한 관점에서 나카무라 케이스케 등이 제안하는 해법은 계획Plan과 실행Do, 사후 점검Check, 반영Act이라는 PDCA와 같은 관리 사이클을 제대로 돌리는 것이다. 재무적 지표든 비재무적 지표든 그 목표 치에 도달할 수 있도록 평상시에 관리 사이클을 제대로 돌리면 결과 적으로 화이트칼라의 효율적인 활용에 연결되고, 생산성도 올라간다 는 이야기다. 전기前期 실적을 기초로 경영진의 예측과 기대를 포함시 켜 실현 가능한 목표치를 설정하고, 그것을 조직 구성원들이 납득하 게 되면 PDCA 사이클이 효과를 발휘한다.38) PDCA 관리 사이클의 효과성을 극대화하기 위해서는 가능한 한 높은 목표를 설정하고 조 직 구성원들이 이를 실현 가능한 것으로 인식하고 이를 달성하기 위 해 자발적으로 노력해야 한다. 그리고 이때 관리자가 유의해야 하는 것이 동료 효과Peer Pressure, Peer Effect이다.

조직 구성원들은 종종 공식적인 조직의 목표나 룰과는 별도로 자 신들만의 목적과 룰을 지닌다. 이것이 개개인의 의사 결정에 미치는 영향을 동료 효과라 하는데, 만약 기업의 공식적인 목적, 룰과 그 방 향이 다르면 기업의 목적 달성이 어려워진다. 기업의 목적을 이러한 동료 효과의 방향성과 일치시킬 수 있다면 공식적이고도 명확한 형 태로 직접적인 영향을 미치지 않고도 개개인의 의사 결정을 기업의 목적에 부합하도록 할 수 있다. 즉 조직 구성원들은 동료 효과에 의 해 자발적으로 기업에게 유리한 결정을 하게 되거나 위에서 내려진 결정에 스스로 따르게 된다. 기업이 팀워크나 협조성을 중시하는 것 은 이러한 동료 효과에 영향을 미치려고 하기 때문이다.39)

조직이 제시하는 목표에 납득하는 비율을 높이고, 목표 달성을 위 한 긍정적인 동료 효과를 기대하기 위해서는 부서이기주의, 정보독 점주의를 깨는 것이 중요하다. 이를 위해서는 우선 직원들이 경쟁 관계에서 벗어나 상호 협력적 목표를 갖는 것이 필요한데, 토스볼드는 직원들의 목표가 상호 경쟁적이거나, 서로 독립적인 경우 조직 구성원은 자신이 가지고 있는 정보를 교환하려는 유인誘因이 적으나, 목표가 상호 협력적인 경우 그 반대의 상황에 놓인다고 하였다.*40)* 다시 말해 협력적인 목표가 있을 경우 공통의 목표 달성을 위해 구성원들이 자신이 가지고 있는 정보를 다른 사람과 공유하고 문제의 해결책을 찾기 위해 노력한다는 것이다. 따라서 다른 직원의 목표 달성이 자신의 목표 달성에 도움이 될 수 있는 관계가 되어야 할 것이다.

한편, 높은 목표나 불가능해 보이는 목표를 쉽게 납득시키는 좋은 수단은 조직 내 성공 사례의 발굴이다. 같은 조직 내에서 높은 목표에 도전하여 성공한 사례가 많이 나오면 본인도 할 수 있다는 자신감을 갖게 되기 때문에 납득하기 쉬워지고, 당연히 실현 가능성도 높아진다.

또한 팀워크나 협조를 말로 강조하는 것보다는 팀워크나 협조성을 발휘해 성공한 구체적인 사례를 제시하여 각자 그 필요성에 공감하게 하는 것이 효과적이다.

창조성 제고를 위한
커뮤니케이션 수준 향상

　개인 및 조직의 창조성은 커뮤니케이션 수준에 따라 다르게 나타난다. 이케다 코우이치가 인용하고 있는 게이오 대학의 마쓰시타松下 교수의 모델에 따르면, 조직 구성원 사이에 주고받는 정보나 행위의 농밀濃密한 정도에 따라 커뮤니케이션의 레벨을 다음 페이지의 그림과 같은 4단계로 구분할 수 있다. 단순하게 서로 정보를 공유하는 것만이 아니라 이들 정보를 함께 가공하고 새로운 것을 만들어 내는 행동이 가장 높은 단계에 해당하며, 이는 워크 스마트에서 지향하는 집단 지성의 활용이라고 할 수 있다.

　각 단계에 대해 좀 더 자세히 설명하자면 콜라보레이션Collaboration은 협동, 협업이라는 의미이지만 단순히 서로 정보를 공유하는 것만이 아니라 그들 정보를 함께 가공하고 새로운 것을 만들려고 하는 행동이다. 커뮤니케이션Communication은 흔히 사용되는 말로 언어나 동작,

그림 3-2. **커뮤니케이션의 단계**

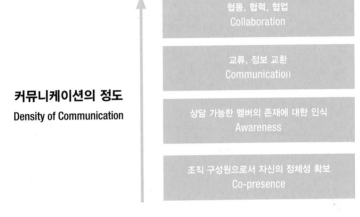

커뮤니케이션의 정도
Density of Communication

출처: 이케다 코우이치(2011)에서 수정 인용

시선 등을 사용하여 상대방과 정보를 교환하는 행동이 이 수준에 해당한다. 어웨어니스Awareness는 인식하고 있다는 의미이다. 상대방이 거기에 있다는 사실을 알고 있어서 그 사람과 어떤 커뮤니케이션을 취하려는 행동을 일으키려는 느낌이 생기는 수준이다. 마지막 단계인 코프레젠스Co-presence는 함께 있다는 감각을 의미한다. 말을 건다든가, 시선을 보낸다든가 하는 일이 없어도 누군가와 함께 있다는 감각을 가지는 상태다. 이케다에 따르면 커뮤니케이션이나 협업이 잘 이루어지기 위해서는 먼저 상대방의 존재를 인식하는 일이 필요하다.

굳이 이케다의 말을 빌리지 않아도, 협업에 의한 성과를 창출하기 위해서는 이야기를 건네거나, 시선을 돌리지 않아도 누군가와 함께 존재하고 있다는 감각을 가질 필요가 있다. 이러한 관점에서 스마트 오피스를 구축하고, ICT를 활용하여 현실 또는 가상 공간에서 개인의 공간이나 경험을 링크시키는 것이 가능하다면 조직 구성원 간 코프레젠스에 대한 인식 수준이 높아질 것이므로 조직 차원의 시너지를 제고시킬 수 있을 것이다.

생산성과 관계되는
공간 관리 요소

　개인 및 조직의 생산성에 영향을 주는 공간적 요소로는 우선 구성원 간 물리적 거리, 시야Visibility 확보 여부, 사무 공간 내 시각적 환경 등을 생각해 볼 수 있다. 구성원 간 물리적 거리는 사무 공간 내에 직원들이 물리적으로 얼마나 근접하게 배치되어 있는지를 뜻하며, 시야 확보 여부는 자신의 시야에 동료가 얼마나 잘 들어오는지를 의미한다. 시각적 환경은 자연 채광, 색깔, 소재 등과 관련한 사무 공간의 환경을 의미한다.

　한편, 물리적 거리나 시야 확보와 함께 중요하게 생각해야 할 요소가 프라이버시이다. 프라이버시가 침해될 경우 업무 의욕이 떨어지는 것은 분명하다. 이에 직원 개인의 프라이버시를 보호하고 업무를 집중해서 수행할 수 있는 공간 요소 역시 고려해야 한다. 또한 최근에 스마트 워크 센터라는 이름으로 많이 보급되고 있는 원격 근무와 관련한 요소 역시 고려해야 할 공간 요소이다.

그림 3-3. **주요 공간 관리의 3요소**

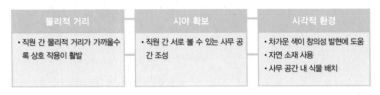

물리적 거리가 가까울수록 증가하는 의사소통 횟수와 팀워크

집단 지성을 발휘하기 위해서는 조직 구성원들 간의 원활한 커뮤니케이션과 팀워크가 대단히 중요하다. 문헌들은 직원 간 물리적 거리를 커뮤니케이션 빈도, 커뮤니케이션 의지 등 구성원 간의 커뮤니케이션에 영향을 미치는 중요한 요소로 보고 있다.* 알렌은 직원 간 물리적 거리가 멀어질수록 직원 간 커뮤니케이션 빈도가 줄어들고 커뮤니케이션이 원활히 이루어지지 않는다고 밝히고 있다.[41]

그림 3-4의 그래프에서 보는 바와 같이 구성원 간 물리적 거리와 커뮤니케이션이 일어날 확률은 반비례한다. 상대방이 물리적으로 멀어질수록 커뮤니케이션을 위해 필요한 노력의 정도예를 들면 상대방이 있는 곳까지 이동하는 데 필요한 에너지 및 소요 시간 등가 증가하고, 또한 상대방과의 우연한

---

* 물리적 거리는 시간 거리를 포함하는 개념이다. 서울에서 대전까지 KTX를 타고 가는 사람은 고속버스를 타고 가는 사람보다 서울-대전 간 거리(시간)가 가깝다고 느낄 것이다.

그림 3-4. **물리적 거리와 커뮤니케이션이 일어날 확률의 관계**

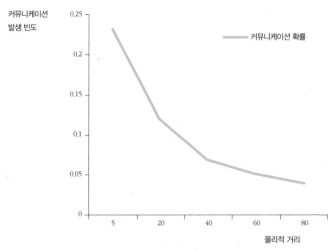

출처: 알렌(2007)에서 재구성

만남에 의해 일어날 수 있는 커뮤니케이션이 줄어든다. 이는 자신의 바로 옆자리에 위치한 사람과의 커뮤니케이션 빈도와 단 몇 걸음이라도 걸어가야 대면할 수 있는 사람과의 커뮤니케이션 빈도를 생각해 보면 쉽게 이해할 수 있다.

다음 표는 동일 부서 소속 여부, 동일 프로젝트 참가 여부와 물리적 거리의 근접성에 따라 커뮤니케이션이 일어날 확률이 달라짐을 보여 준다. 이 표에 의하면 부서 및 프로젝트별로 커뮤니케이션이 가장 잘 일어나는 경우는 동일 부서에 속해 있으면서 동일한 프로젝트를 수행할 때이다. 반면 커뮤니케이션이 일어날 확률이 가장 낮은 경우는 서로 다른 부서에 속해 있으면서 서로 다른 프로젝트를 수행할 때이다. 한편 거리에 따른 커뮤니케이션 확률은 부서 및 프로젝트 동일성 여부에 상관없이 같은 공간에 있을 때 가장 높고, 같은 층에 위치해 있으면서 다른 공간에 있는 경우가 그다음이며, 다른 층에 위치한 경우 가장 낮은 것으로 나타났다.

표 3-1. 커뮤니케이션이 일어날 확률

구분	다른 부서 & 다른 프로젝트	같은 부서 & 다른 프로젝트	같은 프로젝트 & 다른 부서	같은 부서 & 같은 프로젝트
동일 공간	0.16	0.69	0.71	0.95
동일 층 다른 공간	0.05	0.53	0.80	—
다른 층	0.05	0.35	—	—

출처: 알렌과 헨(2006)에서 재구성

　물리적 거리는 의사소통은 물론 팀워크에도 영향을 주는 것으로 나타났다. 호글 등이 독일 내 145개 소프트웨어 개발 팀 285명_{응답자 기}준의 데이터를 분석한 결과 사무 공간 내 팀원 간의 물리적 거리는 의사소통은 물론 팀워크, 협업, 구성원 간 친밀도를 결정하는 요소임이 증명되었다.[42] 호글 등은 팀원들이 계획에 없던 대면회의를 소집하는 것이 가능할 정도의 거리에 있는지, 팀원들이 걸어서 쉽게 도달할 수 있는 거리에 있는지 등으로 물리적 거리를 측정하였다. 그 결과 사무 공간 내 팀원 간 물리적 거리가 가까울수록 의사소통 빈도가 잦고, 팀워크와 협업의 질이 높으며, 구성원 간 친밀도가 높았다. 이 결과는 물리적으로 가까이에 있는 사람들이 대면 접촉이 잦고 협업이 잘 이루어짐을 보여 주는 것으로 협업이 필요한 경우 당사자가 서로 가까이에 있는 것이 필수라는 사실을 증명한다.

표 3-2. **물리적 거리와 각 변수 간의 상관관계**

구분	물리적 거리	팀워크	의사소통	협업
물리적 거리	–	–	–	–
팀워크	0.26	–	–	–
의사소통	0.26	0.86	–	–
협업	0.20	0.74	0.58	–
친밀도	0.26	0.88	0.69	0.49

출처: 호글 등(2004)에서 인용

한편 상대방과의 물리적 거리가 멀 경우 전화나 이메일, 메신저를 이용하여 의사소통할 수도 있다. 특히 지금처럼 스마트 폰이 발달한 시대에는 장소에 상관없이 상대방과 의사소통이 가능하다. 그럼에도 관련 문헌은 이러한 IT 및 통신 수단을 사용한 의사소통조차도 물리적 거리가 가까운 사람끼리 잘 일어난다고 밝힌다. 평소 대면이 많은 사람들 간에 IT 수단을 이용한 비대면 의사소통 역시 많이 일어난다는 것이다. 알렌과 하웁트만은 컴퓨터 제조 회사 직원들의 커뮤니케이션 형태를 분석했는데, 대면 접촉이 많은 사람들 간에 전화 통화 빈도 역시 높다는 사실이 나타났다.[43]

삼성경제연구소에서 2011년 실시한 조사 결과에 따르면 우리나라 기업의 사무실 대부분은 직원들 간 물리적 거리가 가깝게 조성이 되어 있다. "옆 동료와 공간적으로 거리가 가깝습니까?"라는 질문에서

80퍼센트의 응답자가 '그렇다', '매우 그렇다'라고 답하였는데, 이는 단순히 생각하면 우리 기업들의 공간 배치가 직원들 간 의사소통 및 팀워크 발휘에 적합한 형태를 띠고 있음을 의미한다고 볼 수 있다.

다만 이러한 질문 내용만으로는 반드시 그렇다고 보기 어려운 현실이 있을 것이다. 공간 절약을 이유로 숨 막힐 정도로 답답하게 자리가 밀집되어 있을 경우 실내 온도나 환기에도 영향을 미치고 프라이버시를 침해하는 등, 오히려 생산성을 떨어뜨릴 수 있는 요인으로 작용하기도 한다.

실제로 같은 조사에서 업무 효율을 저하시키는 공간 요인으로 실내 온도·환기30퍼센트, 소음·진동18퍼센트과 같은 환경적 요인이 많이 지적되었으며, 개인 업무 공간 협소19퍼센트, 공동 작업 공간 부족15퍼센트 등 업무 공간이 충분하지 못한 것에 대한 불만도 상당수 제기되었다. 불만 요인은 기업 규모별로 다르게 나타나, 300인 이상 기업 직원은 실내 온도, 환기에 관한 불만을 가장 많이 지적한 반면, 300인 미만 기업 직원은 소음, 진동에 관한 불만을 가장 많이 지적하였다. 직군별로는 제조·기술, 연구 개발 직군이 실내 온도, 환기 불만을 상대적으로 많이 지적하였고각 34퍼센트, 33퍼센트, 디자인 직군은 공동 작업 공간 부족24퍼센트, 가구 및 사무기기 배치18퍼센트에 관한 불만을 많이 지적하였다.

상호 작용을 촉진하는 개방적 환경

　상대방이 자신의 시야 안에 들어오는지의 여부, 즉 자신이 상대방을 볼 수 있는지 여부 또한 구성원 간 커뮤니케이션 빈도와 질을 결정하는 중요한 역할을 한다. 상대방이 자신의 시야에 있을 때 그의 존재를 알게 되고, 서로 커뮤니케이션이 발생할 가능성이 커진다. 유우상과 최윤경이 국내 26개 사무 공간을 분석한 결과에 따르면, 시야 확보성이 우수한 사무 공간에서 상호 작용이 잘 일어남을 알 수 있다.⁴⁴⁾ 아래의 그래프는 시야 확보성과 상호 작용이 서로 비례하는 관계임을 보여 주는데, 시야에 들어오는 사람이 많을수록 상호 작용 횟수는 늘어난다.

　백하우스와 드루의 연구 역시 위의 결과를 뒷받침하는데, 이들은 다른 사람과의 상호 작용은 대부분 서로가 서로를 볼 수 있는 환경에서 일어나고, 계획되기보다는 우연히 서로 가까이 있는 경우incidental

그림 3-5. **시야에 들어오는 사람 수와 상호 작용의 관계**

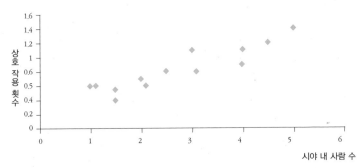

출처: 유우상, 최윤경(2005)의 자료를 토대로 재구성

Proximity에 상호 작용 빈도가 높다 하였다. 이들은 사무 공간에서 일어나는 상호 작용 중 80퍼센트는 사전에 계획되지 않은 것으로, 특정인이 자신의 시야에 들어오는지 여부가 계획되지 않은 상호 작용에 영향을 미치므로 사무 공간 역시 이러한 점을 반영하여 설계해야 한다고 주장한다.[45]

스트라이커와 파리스는 직장 내에서 자신의 시야에 있지 않은 직원보다 자신의 시야 안에 있는 직원과의 커뮤니케이션이 60퍼센트 더 많다는 결과를 보여 준다.[46] 위의 연구 결과들은 직원들이 서로 가까이에 배치되어 있다 하더라도 파티션 등의 구조물로 가로막혀 있거나, 사방이 막힌 큐비클과 같은 개인 사무실을 사용할 경우 커뮤니케이션이 일어날 확률이 줄어드는 것을 시사한다. 이는 사이버상의 의사소통도 마찬가지인데, 메신저 등 사이버상의 연락 목록에 있는 사람의 경우 의도치 않게 의사소통을 할 기회가 있는 반면, 목록에서 찾을 수 없을 때는 그 가능성마저도 낮다는 것이다.

시야 확보성이 상호 작용의 확률에 영향을 미친다면 사무 가구 배치를 개선하여 서로 간의 의사소통을 개선할 수 있다. 유우상과 최윤경은 구성원 간 상호 작용이 일어나기 좋은 가구 배치와 그렇지 않은 가구 배치를 구성해 보았다. 연구 결과에 따르면, 구성원 간 상호 작용이 일어나기 좋은 구조는 팀원들이 서로를 볼 수 있도록 가구 배치를 한 대향對向식 구조이고, 구성원 간 상호 작용이 일어나기 좋지 않은 구조는 구성원이 등을 맞대고 있어 서로를 볼 수 없는 배향背向식 구조다. 다음의 사무 공간별 상호 작용의 관계 표에서 보는 바와 같이 첫 번째 열에 있는 사무 공간은 상호 작용이 일어나기 좋은 구조며, 두

번째 열에 있는 사무 공간은 상호 작용이 잘 일어나지 않는 구조다.

그림 3-6. **사무 공간별 상호 작용의 관계**

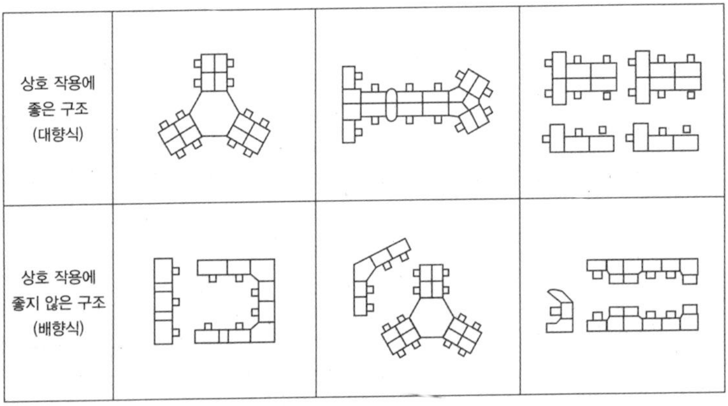

출처: 유우상, 최윤경(2005)의 자료를 토대로 재구성

　구성원들이 서로를 잘 볼 수 있게 사무 공간을 설계하는 것 못지
않게 회사 곳곳에서 직원들이 쉽게 마주칠 수 있는 공간을 설계하는
것도 중요하다. 이를 위해서 직원들의 동선을 고려하여 사무 공간을
설계해야 하며, 회사 내 부엌이나 자료실처럼 직원들이 수시로
이용하는 곳을 회사 건물의 중앙이나 부서가 위치한 사무실 중앙에
설치하는 방법도 고려할 수 있다. 부엌과 같은 공간을 예로 들면 커
피 머신이나 간단한 다과를 준비하여 직원들이 자유로운 분위기에서
의견을 교환할 수 있게 하거나, 칠판이나 테이블 등을 두어 간단한
회의를 하는 것도 직원들의 의견 교류를 촉진할 수 있는 방법이다.[47]
　미국 연방 정부 총무청 필라델피아 지역 사무소는 2003년에 신청

사를 건립하면서 직원 간 의사소통 및 상호 작용을 촉진하고 팀 간 프로젝트 정보 공유를 원활히 하는 데 초점을 두고 사무 공간을 설계 하였다.[48] 총무청 필라델피아 지역 사무소는 사무실의 파티션을 없 애 시야가 트이도록 사무 공간을 설계하였고, 회의실 등 직원 간 만 남을 가능케 하는 공간을 많이 설치하였다. 또한 도서관을 건물 중앙 에 배치하여 직원들이 오가면서 마주칠 수 있는 가능성을 높였다.

표 3-3. 미 총무청 구청사, 신청사에서의 직원 간 상호 작용 비교

구 분	개인 업무 공간	회의 공간	공동 공간	복도	직원 간 상호 작용 횟수
구청사	81퍼센트(109)	11퍼센트(15)	3퍼센트(4)	5퍼센트(7)	135
신청사	84퍼센트(215)	7퍼센트(17)	8퍼센트(20)	3퍼센트(1)	255

주) 괄호 안은 하루 동안 상호 작용이 이루어진 횟수임.
출처: 캠서러(2007)에서 인용

총무청 데이터 분석 결과, 신청사에서의 직원 간 상호 작용은 구청 사보다 두 배 정도 늘어난 것으로 나타났다. 특히 개인 업무 공간과 도서관 등의 공동 공간에서 상호 작용이 잦아진 것으로 분석되어 총 무청의 '오픈 오피스 플랜Open Office Plan'은 직원 간 커뮤니케이션을 촉 진하려는 목적을 달성한 것으로 평가된다. 또한 고객 만족도나 정시 건축 완공률Construction on Schedule 역시 증대된 것으로 분석되어 새로운 사무 공간이 조직 성과를 높이는 데도 기여한 것으로 보인다. 수평적 으로 오픈된 사무 공간 못지않게 층간 또는 수직적으로 오픈된 사무 공간 역시 중요하다. 사무 공간을 수직으로 오픈하는 가장 기본적인

방법은 SEI 인베스트먼트처럼 층간 에스컬레이터를 설치하는 것이다. 층간 에스컬레이터는 백화점에서 가장 많이 사용되는 이동 수단이다. 사무 공간의 에스컬레이터는 직원들의 층간 이동을 용이하게 하여 각 층으로 나뉘어 배치된 직원들 간 상호 작용을 촉진하는 기능을 담당한다. SEI 인베스트먼트뿐 아니라 P&G 역시 미국 오하이오주 신시내티에 위치한 본사 연구소에 층간 에스컬레이터를 설치한 것으로 유명하다.

사무 공간을 수직적으로 오픈하는 또 다른 방법은 1층에서 2층을, 2층에서 1층을 볼 수 있게 하는 것이다. 즉 다른 층에 위치한 사람들이 각자의 층에서 서로를 볼 수 있게 하는 것이다. 이렇게 함으로써 서로의 존재를 인식하게 하고 의사소통을 위한 단초를 제공하는 것이다. 아트리움 Atrium*은 층간 시야를 확보하는 수단 중 하나이다. 미국의 유리 제조업체인 코닝은 최근 완공한 3층 규모의 데커 빌딩 Decker Building에 1층 건물 입구에서부터 3층까지 이르는 아트리움을 설치하였다. 아트리움을 설치함으로써 데커 빌딩 내에서는 어느 층에 있던지 다른 층을 보는 것이 가능해졌고, 에스컬레이터의 설치로 층간 이동 및 층간 커뮤니케이션이 활발해졌다.[49]

그렇다면 아트리움의 커뮤니케이션 촉진 효과는 어느 정도일까? 오피스 가구제조 업체인 미국 미시간 주의 스틸케이스 Steelcase 역시 코닝과 마찬가지로 건물 내에 아트리움을 설치했는데, 데이터 분석 결과 아트리움 설치 이후 근접 층간 커뮤니케이션이 일어날 확률은

---

* 건물 중앙이나 건물 입구에 여러 층을 터서 만든 공간으로 백화점에서 많이 볼 수 있는 구조.

85퍼센트 증가하였고, 두 층 떨어진 공간 간 커뮤니케이션의 경우 아트리움이 없는 건물의 근접 층간 커뮤니케이션보다 더 원활한 것으로 나타났다. 아래 표에서 보듯이 아트리움 미설치 건물에서 층간 커뮤니케이션이 일어날 확률은 아트리움 설치 건물에서 층간 커뮤니케이션이 일어날 확률보다 낮다. 또한 아트리움 설치 건물 내에서도 한 층간 커뮤니케이션 발생 확률이 두 층 간 커뮤니케이션보다 높아 거리가 멀어질수록 커뮤니케이션의 빈도가 줄어듦을 알 수 있다.

표 3-4. **아트리움이 층간 커뮤니케이션을 일으킬 확률**

구분	아트리움 미설치 건물	아트리움 설치 건물
1개 층 차이	0.026	0.048
2개 층 차이	—	0.032

주) 표 안의 숫자는 커뮤니케이션이 일어날 확률임
출처: 알렌(2007)

2004년 독일 함부르크에 건립된 BMW 연구 센터인 프로젝트하우스Projekthaus 역시 개방된 공간에서 구성원 간 의사소통 및 상호 작용이 잘 일어남을 보여 주는 예이다.[50] BMW의 경우, 예를 들어 3 시리즈를 만드는 팀원 간에는 협업이 잘 이루어졌으나 5 시리즈나 7 시리즈를 생산하는 팀과의 의사소통은 잘 이루어지지 않는 것으로 평가받았다. 각 팀이 서로 다른 층에 배치된 것이 그 원인으로 지목되었고, 이러한 의사소통 단절 문제를 해소하기 위해 프로젝트하우스 역시 아트리움을 설치하였다. 아트리움은 앞에서 기술한 바와 같이 서

그림 3-7. **BMW 프로젝트하우스 전경**

출처: 알렌과 헨(2006)

로를 볼 수 있게 하고 서로의 존재를 인식시켜 커뮤니케이션이 일어
날 가능성을 높이는 역할을 한다. 또한 프로젝트하우스는 SEI 인베스
트먼트와 같이 직원들의 공간 이동을 자유롭게 하여 프로섹트 팀의
조직과 해체가 용이하도록 하였다. 한편 BMW의 프로젝트하우스는
디자인 엔지니어와 시제품 조립원Prototype Assembler을 같은 공간에 배
치함으로써 이들 간의 커뮤니케이션을 극대화하였다. 이렇게 함으
로써 디자인이 이루어지고 난 후 생산이 시작되는 순차 개발에 따른
문제점을 해결하고 시제품 생산이 디자인과 동시에 이루어지게 하
였다.

　BMW의 혁신성은 여러 곳에서 인정받고 있는데, BMW는 2010년
《비즈니스 위크Business Week》가 선정한 가장 혁신적인 50개 기업The 50
Most Innovative Companies 리스트 18위에 올랐으며, 자동차 회사로는 도요
타, 포드, 폭스바겐에 이어 4위에 랭크되었다. 2009년에는 20위에 랭
크되는 등 2005년 리스트 작성이 시작된 이후 계속해서 순위에 오르
고 있다.51)

체코의 자동차 회사인 스코다 ^{Škoda} 사례 역시 직원들 간의 물리적 거리 또는 근접성의 중요성을 보여 주는 예이다. 스코다는 백오피스 $^{Back\ Office,\ 지원\ 업무}$ 기능과 생산 기능을 같은 공간에 두어 공장 내에서 발생하는 일을 서로가 실시간으로 알게 함으로써 문제에 대한 대응력을 높이고 자동차 품질을 향상시킨 것으로 유명하다. 두 개의 기능을 다른 공간이 아닌 같은 공간에 배치함으로써 근접성을 높여 서로 간의 상호 작용과 정보교류가 원활하게 이루어지게 한 것이다.[52]

삼성경제연구소의 조사 결과에 따르면 우리나라 기업들의 사무실은 상당히 개방적인 형태를 띠어, 동료를 잘 볼 수 있는 것으로 나타났다. "자리에서 동료들의 모습을 눈으로 확인할 수 있습니까?"라는 설문에서 75퍼센트의 응답자가 '그렇다' 또는 '매우 그렇다'로 응답하였다.

이는 우리 기업들의 공간 배치가 직원들의 상호 작용 촉진에 적합한 형태라는 사실을 의미한다. 사무 공간의 개방성은 저직급 직원들에게 두드러지는 것으로 분석되었는데, 사원·주임급의 88퍼센트가 옆 동료와 가까이에 위치해 있으며, 85퍼센트가 동료들의 모습을 눈으로 확인할 수 있다고 응답하였다. 반대로 개인 사무실 사용 비율이 높은 임원은 사무 공간의 개방성이 떨어지는 것으로 분석되었다. 66퍼센트의 임원만이 옆 동료와 가까이에 있다고 응답하였고, 56퍼센트만이 동료들을 눈으로 확인할 수 있다고 응답하였다.

사무 공간의 개방성은 직원들의 상호 작용을 촉진하는 반면, 프라이버시 침해의 원인이 될 수 있다. 사무 공간이 개방적일수록 구성원들이 다른 사람의 시야에서 벗어나 있는 것이 힘들고, 물리적으로 서로 가까이 위치하고 있어 행동에 제약이 따르기 때문이다. 조사 결과에서도 이러한 경향은 드러났는데, 26퍼센트의 응답자만이 프라이버시가 확보되고 있다고 하였고, 56퍼센트는 확보되지 않고 있다고 응답하였다. 프라이버시 미확보는 사무 공간의 개방성이 큰 저직급에서 두드러져 사원·주임급의 8퍼센트만이 프라이버시가 확보되고 있는 것으로 나타났고, 73퍼센트는 프라이버시가 확보되지 않고 있다고 응답하였다.

한편 임원의 경우 42퍼센트가 프라이버시가 확보되고 있다고 응답하여 폐쇄적인 사무 공간이 프라이버시 확보 측면에서는 우월한 것으로 나타났다. 이러한 설문 결과는 사무 공간의 개방성과 프라이버시의 조화가 필요하다는 것을 말해 준다.

창의성과 생산성을 좌우하는 시각적 환경

공간 요인으로 고려해야 할 세 번째 요소는 시각적 환경이다. 시각적 환경은 사무 공간의 색채, 소재 등을 포함한다. 문헌들은 특정 색채 및 소재가 창의성 발현에 도움을 준다고 주장하고 있다. 그중 하나가 맥코이와 에반스인데 이 문헌에서는 시각적 환경을 개선하면 창의성 발현이 제고됨을 보여 주고 있다.[53] 먼저 창의성 발현에 도움을 주는 환경으로는 자연 전망Natural Views과 자연 소재를 들 수 있다. 사무실에 창문이 있어 창문 밖 관찰이 가능한 사무 공간이 창의성 발현에 도움을 준다는 것이다. 자연 소재 역시 창의성을 높이는 데 도움이 되고 특히 나무 재질이 창의성 발현을 돕는다고 주장한다. 이와 반대로 플라스틱, 콘크리트 등 가공된 소재는 창의성 발현에 좋지 않다고 한다.

실론 역시 시각적 환경이 창의성에 영향을 준다고 하였다.[54] 매니저급 직원 60명을 대상으로 시각적 환경과 창의성의 관계를 분석하였는데, 사무 공간에 식물이 많을수록 사무 공간이 시각적으로 덜 복잡하고, 환하며, 파란색과 같은 차가운 색이 많을수록 창의성이 배가된다고 하였다. 식물이 창의성과 생산성에 긍정적인 영향을 미친다는 것은 여러 논문에서 밝혀졌는데 그중 하나가 시바타와 스즈키의 논문이다. 이 연구는 식물이 있는 공간과 그렇지 않은 공간에서 단어 맞추기 실험을 실시한 결과 여성 참가자의 경우 식물이 있는 공간에서 더 높은 성과를 발휘하였음을 보고하고 있다.[55] 또한 로어와 고드윈은 식물이 없는 공간에서 컴퓨터로 작업하던 실험 참가자들의 컴퓨터 반응 시간이 식물을 들여놓자 12퍼센트 빨라지고, 스트레스스트레스의 정도는 최고 혈압으로 측정가 감소함을 발견하였다. 또한 식물이 있는 곳에서 작업을 한 실험 참가자들이 그렇지 않은 곳에서 작업을 한 실험 참가자보다 집중력이 높다는 사실을 보고하였다.[56]

메타와 주는 창의성이 필요한 작업에는 파란색이 효과적이고, 세세한Detail-oriented 작업을 하는 데는 빨간색이 효과적이라고 주장하였다.[57] 이를 뒷받침하기 위해 컴퓨터 모니터에 36개의 단어를 2분 동안 보여 주고 20분이 지난 후 실험 참가자에게 기억나는 단어를 이야기하도록 하는 실험을 진행하였다. 이때 모니터 바탕 화면의 색깔을 달리했는데, 한 그룹의 실험 참가자는 파란색, 다른 한 그룹의 실험 참가자는 빨간색으로 하였다. 파란 바탕 화면을 사용한 실험 참가자는 평균 12개의 단어를 정확하게 기억해 낸 반면, 빨간색 바탕 화면을 사용한 실험 참가자는 이보다 33퍼센트 많은 16개의 단어를 정확히 기억해 냈다.

창의성과 관련한 실험도 하였는데, 실험 참가자에게 1분 동안 벽돌을 창의적으로 이용할 수 있는 방법에 대해서 생각하게 하였다. 역시 한 그룹은 빨간색 바탕 화면 위에서, 다른 그룹은 파란색 바탕 화면 위에서 작업을 하게 했다. 심사위원들이 실험 참가자가 내놓은 각방안에 대해 창의성을 평가한 결과, 심사위원들이 '창의적'이라고 판단한 방안은 빨간색 바탕 화면을 사용한 실험 참가자의 경우 0.9개, 파란색 바탕 화면 사용자는 1.6개로 파란색이 빨간색보다 약 두 배높은 것으로 나타났다. 이 결과는 창의성을 요구하는 작업의 경우 파란색과 같은 차가운 색이 빨간색과 같은 따뜻한 색보다 효과적이라는 것을 의미한다.

시각적 환경과 관련하여 사무 공간을 직원들의 개인적 취향에 맞게 꾸미는 것이 직무 만족을 높인다는 연구 결과도 있다. 웰스가 미국 캘리포니아 주에 위치한 20개 기업 338명의 직원을 대상으로 분석한 결과, 자신의 사무 공간을 가족사진, 만화, 식물, 학위증 등으로 꾸미는 사람들은 그렇지 않은 사람들보다 직무 만족도가 높았다. 또이러한 것을 허용하는 개인화Personalization 정책이 있는 기업의 조직안녕Organizational Well-being 정도가 높은 것으로 보고하였다.58) 네덜란드의 한 정부 기관을 분석한 브루니아와 하체스는 영속적인 개인 사무공간이 주어지지 않는 비영역 사무 공간Non-territorial Office에서 일하는 직원의 경우 사무 공간 사유화가 편안하고 친숙한 느낌이 들게 하고 직원에게 일종의 소유감을 주어 조직 만족도를 높임을 보고하고 있다.59)

시각적 환경과 관련한 사무 공간의 개선 사례로 고어Gore 사를 들 수 있다. 고어텍스로 유명한 고어 사는 회사 내에 회사명을 나타내는 간판을 최소화한다. 이렇게 함으로써 직원들이 회사에 있다는 생각을 최대한 갖지 않고 편안한 분위기에서 일할 수 있도록 하기 위해서다. 또한 고어는 휴양지를 연상시키는 인테리어를 추구하여 임직원은 물론 방문객에게도 편안한 분위기를 연출하고 있으며, 특히 태양광이 잘 들어올 수 있도록 설계하여 자연 채광이 주는 생산성 향상의 효과까지 더하고 있다. 앞에서 살펴본 SEI 인베스트먼트는 직원들의 창의성을 높이려는 목적으로 미술 작품을 회사 곳곳에 걸어 두어 직원들이 감상할 수 있게 하였다. 작품을 감상하는 동안 직원들이 창조적인 영감을 떠올리게 하려는 의도이다. 또한 작품 선택 시 SEI 인베스트먼트는 작가들이 세상에 알려지기 전, 즉 그들이 완숙 단계에 이르기 전 실험 정신이 강한 때에 나온 작품을 의도적으로 선택해 직원들의 실험 정신을 돋우려하였다.

이처럼 공간의 개방성뿐 아니라 시각적 환경 역시 창의성 및 생산성 발휘를 위해서 중요한데, 삼성경제연구소의 조사 결과는 우리나라 기업들의 시각적 환경은 그다지 좋은 수준이 아님을 보여 준다. "색채, 식물 배치, 건축 소재 등 시각적 환경은 괜찮은 편입니까?"라는 문항에서, 응답자의 25퍼센트만이 '그렇다' 또는 '매우 그렇다'라고 응답을 하였고, 나머지 75퍼센트의 응답자는 시각적 환경이 보통이거나 좋지 않다고 응답하여 시각적 환경의 개선을 위한 노력이 필요한 것으로 나타났다.

시각적 환경에 대한 인식은 직군별로 차이가 있는데, 디자인 직군의 36퍼센트가 시각적 환경이 괜찮다고 응답한 것에 비해, 제조·기술 직군은 응답자의 16퍼센트만이 그렇다고 응답해 제조·기술 직군의 시각적 환경 개선이 다른 직군과 비교하여 특히 필요한 것으로 분석되었다.

보다 창의적으로 일하기 위해 필요한 공간들

구성원 간의 물리적 거리를 좁히고, 서로가 서로를 볼 수 있는 환경을 조성하는 것은 서로 간의 상호 작용을 높이는 장점이 있는 반면, 그로 인해 업무 집중을 방해하거나 프라이버시가 보호되지 않는 단점도 있어 이에 대한 대책도 요망된다. SEI 인베스트먼트에서 도입한 오픈 플랜 오피스는 다른 사람이 언제든지 자신의 행동을 볼 수 있어 프라이버시 보호가 안 되는 문제가 있다. 또한 다른 사람의 말소리나 지나다니는 사람들의 발자국 소리 등이 업무 집중을 방해해 집중력을 요하는 작업이 쉽지 않다는 문제가 제기되었다.

미국 캘리포니아 주에서 근무하는 97명의 직원을 분석한 스토콜스 외 다수는 사무 공간의 소음이 심하고, 자리 옆으로 지나다니는 사람Foot Traffic 이 많을수록 창의성이 저해됨을 밝히고 있다.[60] 사무 공간의 개방성으로 인해 야기되는 이러한 문제는 개방성을 최대한 유지하되, 다른 사람의 소음 등에 방해받지 않고 업무에 집중할 수 있는 공간을 따로 설치함으로써 해결이 가능하다.

앞에서 언급한 스틸케이스 사는 개방된 사무 공간을 유지하는 동시에 몇 개의 독립된 사무 공간을 설치하였다. 이는 사무 공간의 개방성으로 인해 직원들의 업무 집중도가 떨어지는 것을 막기 위한 조치로, 직원들이 독립된 사무 공간을 시간 단위_{월요일 오후, 화요일 14~15시 등과 같이}로 사용하게 함으로써 집중력을 요하는 업무를 수행할 수 있게 하였다.[61] 포스코의 경우 2007년 가구 배치를 팀원이 서로 등을 마주하고 앉는 벤젠형으로 바꾸어 직원들의 업무 집중도는 유지하면서 직원들 사이에 회의 공간을 두어 서로 간의 의사소통 역시 원활하게 하고 있다.[62]

삼성경제연구소의 조사 결과에 따르면, 설문 응답자들은 창의적으로 일하기 위해 필요한 공간으로 업무 집중 공간_{29퍼센트}과 재충전 공간_{22퍼센트}을 가장 많이 지적하였다. 업무 집중 공간의 필요성은 업무를 연속적으로, 끊임없이 수행할 수 있는 업무 여건이 우리나라 기업에 조성되어 있지 않다는 사실을 반영한다. 업무의 중단은 개방적인 사무 공간뿐 아니라 급작스럽게 발생하는 업무, 상사의 호출, 이메일 대응 등이 그 원인으로 지목된다. 재충전 공간은 업무 수행 도중 틈틈이 휴식을 취하여 업무를 창의적으로 수행할 수 있게 하는 활력을 얻을 수 있다는 점에서 필요성이 많이 인식되는 것으로 분석된다.

창의성 발휘를 위해 필요한 공간은 또 직급별로도 다르게 나타났는데, 사원·주임과 같은 직급이 낮은 직원들은 재충전 공간_{46퍼센트}을 가장 필요로 하였으며, 담화실_{티룸, 12퍼센트}의 필요성도 타 직급보다 많이 이야기하였다. 기업 규모별로도 차이가 나타났는데, 규모가 클수록 재충전 공간의 필요성을 언급한 비율이 높았다. 300인 이상 기업 응답자의 35퍼센트가 재충전 공간을 지적한 반면, 300인 미만 기업은 28퍼센트만이 지적하였다_{업무 집중 공간은 각 38퍼센트, 41퍼센트}. 한편 규모가 작은 기업 응답자들은 자료실_{도서관}의 필요성을 많이 지적하였는데, 300인 미만 기업 직원의 13퍼센트가 자료실이 창의적인 업무 수행을 위해 필요하다고 응답하였다_{300인 이상 기업은 8퍼센트}. 이는 규모가 큰 기업은 이미 자료실이나 도서관과 같은 공간이 상대적으로 잘 갖추어져 있는 것에 기인하는 것으로 분석된다. 한편 여성은 업무 집중 공간_{35.6퍼센트}과 재충전 공간_{36.3퍼센트}을 거의 비슷하게 응답해, 남성_{각 39퍼센트, 32퍼센트}과 대조적인 모습을 보였다.

개인 및 조직 성과를 향상시키는 원격 근무제

최근에 스마트 워크 센터의 보급과 함께 많이 논의되고 있는 근무 형태가 원격 근무_{Tele-working}이다. 원격 근무는 직장에 출근하지 않고 직원의 자택이나 별도로 마련된 사무 공간_{원격 근무 센터 등}에서 업무를 수행하게 함으로써 직원 개인 차원에서는 출퇴근 시간 및 그에 따른 비용이 절약되고, 조직 차원에서는 임대비 등의 비용이 절약되는 장점이 있다. 또한 원격 근무, 특히 재택근무는 최근 기업에서 이슈가 되고 있는 '워킹 맘'의 일과 가정 병행이라는 관점에서 볼 때도 매우 유용한 근무 형태로, 워킹 맘이 아이 돌봄과 직장 업무 수행을 동시에

하는 것이 가능해진다.

원격 근무는 개인 및 조직 성과에도 긍정적인 영향을 미치는 것으로 나타났다. 원격 근무가 개인 및 조직의 성과에 주는 영향을 분석한 연구자로는 스타브로우와 이튼 등이 있다. 스타브로우는 2,800개의 유럽 기업 데이터를 분석하여 원격 근무를 허용하는 기업이 조직 성과 이윤율과 같은가 높고, 이직률 및 결근율이 낮다는 것을 밝혀냈다.[63] 그는 원격 근무가 조직 성과를 올리는 것은 개개인이 자신의 업무 시간을 철저히 관리해 가장 알맞은 시간에 일을 할 수 있기 때문이라고 분석하였다. 이튼 역시 미국의 7개 생명 공학 기업을 분석한 결과, 원격 근무를 포함한 유연 근무제가 있는 기업이 그렇지 않은 기업보다 직원들의 조직 몰입 Organizational Commitment과 지각된 생산성 Perceived Productivity이 높음을 밝히고 있다.[64]

그러나 원격 근무가 장점만 있는 것은 아니다. 원격 근무는 혼자 독립적으로 일하는 근무 형태이므로, 다른 직원과의 상호 작용 및 의사소통이 약화되거나 단절될 수 있고, 이로 인해 조직 내 지식 교류나 전수를 어렵게 할 수 있다. 원격 근무를 도입한 영국의 13개 기업 82명의 매니저 및 원격 근무자를 심층 인터뷰한 펠스티드 등은 원격 근무가 조직이 가지고 있는 암묵지의 전달을 힘들게 하고 조직 문화의 형성에 장애가 된다고 주장하고 있다.[65] 또한, 원격 근무자는 동료와의 관계 형성이 어려워 커뮤니케이션이 제한적이고 동료 의식을 형성하는 데 어려움을 겪는다고 보고하고 있다. 여기에 더해 다른 직원의 문제를 함께 해결하려 노력하기보다 자신에게 주어진 임무만을 완수하려는 성향 역시 강함을 보여 준다. 그런 한편 원격 근무자들이 관리자의 직접 통제에서 벗어나 있으므로 '일을 적게 할 것'이라는 오해를 불식시키기 위해 일을 더 많이 하려는 경향도 있다고 밝혔다. 따라서 원격 근무의 장점은 살리되, 팀원과의 상호 작용을 촉진할 수 있는 방안을 찾는 등 원격 근무가 가져올 수 있는 문제점을 보완해야 할 것이다. 또 원격 근무 센터는 기본적으로 비영역 사무 공간이므로 사무 공간에 대한 소유 의식이 없고, 사무 공간 사유화가 불가능한 문제 역시 있으므로 이에 대한 대책도 마련해야 한다.

지금까지 창의성과 생산성의 향상에 영향을 미치는 공간적 요소를 살펴보았다. 서로 간의 물리적 거리를 줄이고 서로가 서로를 볼 수 있는 사무 공간을 조성하는 것이 구성원 간의 상호 작용을 제고하는 수단이다. 구성원들이 잘 만날 수 있는 공간을 회사 곳곳에 설치하는 것도 중요하다. 또한, 차가운 색 및 자연 소재를 사용하고 식물을 사무 공간 내에 배치하는 것도 창의성을 높이는 효과적인 수단이 될 수 있다. 더불어 프라이버시를 보호하고 집중 업무 공간을 설치하는 것도 고려해야 한다.

제4장

스마트 오피스 도입을 통한 경영 혁신 사례

실제 사무 공간의 변화를 꾀하는 것은 혁신에 대한 의지와 메시지를 조직원과 공유하는 가장 좋은 수단이다. 스마트 오피스 도입을 통해 일본의 우치다 양행은 업무 방식과 업무 공간의 동기화라는 혁신을 이끌어 냈고, 유한킴벌리는 자신들만의 브랜드 아이덴티티와 조직 문화를 대내외적으로 각인하는 데 성공했다.

혁신은 도전과 실행에서 시작된다.

오피스와
일하는 방법의 혁신

이미 언급했던 바와 같이 오피스의 혁신은 회사의 전략 실행을 위한 첫걸음이 될 수 있다. 중요한 것은 오피스의 혁신이 사무 공간 자체의 혁신으로 끝나지 않고 일하는 프로세스나 방법까지 바꾸는 것으로 연결되어 총체적인 생산성의 향상을 가져올 수 있는가 하는 것이다. 여기서는 바로 이러한 부분에 도전하여 어느 정도의 성공을 거두었다고 판단되는 일본 우치다 양행의 사례를 통해 이를 검증해 보고자 한다.

우치다 양행은 최근 신사옥 건설을 계기로 일하는 방식과 일하는 장소의 변혁을 동기화시킴으로써 생산성 향상과 창조적 기업 풍토 실현을 지향하는 등, 회사의 전략을 명확히 하고 그것을 실행에 옮겼다. 우치다 양행은 현재 자신들의 경험을 바탕으로 ICT, 공간 디자인, 정보 디자인을 통합하여 일하는 사람들에게 최적의 작업 공간을 제공하는 비즈니스를 활발히 전개하고 있는 기업이기도 하다.

우치다 양행은 원래 교육 관련 기자재나 사무용 가구를 취급하던 회사로, 일본의 많은 기업들과 마찬가지로 100년이 넘는 역사를 가졌지만 주로 B2B 비즈니스에 집중을 하고 있었기 때문에 일반인에게는 그다지 많이 알려져 있는 기업은 아니다. 하지만 건축이나 인테리어 일을 하는 사람들이 쓰는 제도기로 유명하기도 하고, 지금도 우리가 많이 사용하고 있는 '매직'이라는 이름의 유성 펜도 1940년대에 이 회사가 개발해 전 세계에 보급시킨 제품이다. 전자시계 회사로 많이 알려진 카시오도 우치다 양행에서 독립한 회사이다. 우치다 양행은 일본 도쿄 역에서 그리 멀리 떨어져 있지 않은 신카와라는 곳에 사옥을 가지고 있는데, 그 바로 옆에 새로운 사옥을 건설하여 일부 부서를 이전시키기로 한 시점을 계기로 대대적인 경영 혁신을 추진하였다. 일하는 장소의 변혁만이 아니라 일하는 방법의 변혁에 좀 더 신경을 써야 고객들에게 진정한 가치 제공이 가능하다고 보고, '체인지 워킹Change Working, 업무 방식의 혁신'을 제창했다. 이는 업무 프로세스나 커뮤니케이션 스타일 등의 일하는 방식과, 공간, 기기, 인프라 등의 일하는 장소가 동기화된 변혁을 추진해 고객들의 경영 과제 해결 지원 서비스를 제공하겠다는 의도를 담고 있다.

우치다 양행이 이러한 혁신을 추진하게 된 배경에는 다음과 같은 매우 당연한 경험 법칙이 있었다. 즉 직행직귀 제도나 변동 좌석제를 도입함으로써 영업 조직의 효율 향상을 도모했지만, 모바일 환경이 정비되지 않아서 정보에 대한 접근이나 커뮤니케이션 문제가 생기거나 또는 최신 모바일 기기나 ICT 설비를 도입하여 공격적인 영업 활동을 기대했지만, 제도나 정보 공유 시스템 및 일하는 방식 정비가 이루어지지 못해 결국 오피스에서 일을 해야 하는 상황이 되고 마는 경우를 많이 보았기 때문이다. 즉 우치다 양행의 체인지 워킹은 개혁을 목표로 사원들이 무언가를 바꾸려 시도해도, 일하는 방식과 일하는 장소가 동기화되지 않으면 변혁에 병목 현상이 나타난다는 문제의식에서 출발한 것이라고 할 수 있다.

고객들에게 이러한 혁신적인 업무 방식을 제안하려면 자신들이 먼저 실천하지 않으면 안 된다는 생각에서 시작된 것이 바로 '신카와 업무 혁신 프로젝트Shinkawa Change Working Project'였다. 자신들의 현재 상태를 철저하게 검증하고, 바람직한 일하는 방식을 상정, 그에 이르는 로드 맵을 만들고 최적화된 업무 장소를 실현한다는 계획이었다. 이 때문인지는 몰라도 대부분은 새로운 사옥이 만들어지면 소위 잘나가는 힘 있는 부서나 실적이 좋은 사업부가 입주하는 것이 관례이다. 그러나 우치다 양행은 가장 업적이 좋지 않았던 오피스 사업부를 이전 대상 부서로 결정하였다.

이렇게 스마트 오피스 구축에서 시작된 우치다 양행의 경영 혁신은 그 구체적인 추진 방법론이 현장에서 주도하는 철저한 Bottom Up 방식최하부 구조에서 시작되어 위로 올라가는 방식에 의해 이루어졌다는 점에서도 시사하는 바가 많다. 여기에는 가치관의 다양화와 조직이 안고 있는 문제가 복잡화하는 가운데, 일하는 방식이라는 행동 양식의 변화를 수반하는 개혁을 위에서 먼저 강제하는 방식Top Down만으로 추진하기는 어렵다는 인식이 깔려 있었다.

우치다 양행은 2011년 5월부터 일본 IBM과 함께 고객 가치, 디자인 기법, 시장 개발을 위한 업무 그룹^{분과회}을 만들고, 8월에는 신사옥 이전 TFT^{Task Force Team}를 발족시켜 이전 대상 부서와 워크숍 및 분과회 활동을 통해 현장의 의견을 수렴하고 경영진과의 조율을 담당하는 사무국 역할을 수행하도록 하였다. 이전이 결정된 오피스 사업부 인원은 약 240명이었는데, 이들은 먼저 사업부의 방침을 실현하기 위해 현장에서 무엇을 할 것인가에 대한 현실적인 과제를 정리하기 위한 발산^{發散}형 워크숍을 개최하였다. 이어서 현장에서 바라는 이상적인 모습을 구체화하고, 실제로 추진해야 할 테마를 선정하기 위한 수렴^{收斂}형 워크숍이 개최되었다. 즉 자신들에게 가장 잘 어울리는 업무 환경 및 일하는 방법을 스스로 고안해 보도록 한 것이다. 그 결과 약 3개월간 4회에 걸쳐 다음 네 가지 목표가 정리되었다.

첫째, 고객의 가장 친근한 상담자로서 속도감 있는 과제 발굴과 대응으로 고객과 과제 해결의 기쁨을 공유하는 고객의 파트너^{Customer's Partner}.

둘째, 조직 내는 물론 조직의 벽을 넘어 역량을 집결시키고 서로 협력하며 하나가 되어 고객에게 서비스를 제공하는 팀 빌더^{Team Builder}.

셋째, 우치다 양행 오피스 영업 사원으로서의 자신감과 실천이 뒷받침된 설득력으로 일하는 방식과 장소를 함께 창조하는 업무 현장의 프로^{Workplace Professional}.

넷째, 널리 사회의 동향을 주시하고 니즈를 파악하여 모든 수단을 구사, 새로운 가치를 창조하는 가치 조정자^{Value Producer}

다음 단계로 앞서 설정한 네 가지 목표를 구현하기 위해 고객 정보의 파악, 고객과의 연계 구축, 상품 및 서비스 파악, 과제 파악, 문제 해결의 검토, 제안서 작성 등과 같은 영업 현장에서 일어나는 아홉 개의 장면과 44개의 행동 변혁을 위한 장면을 설정했다. 이를 토대로 오피스 이전 후 2년에 걸쳐 추진해 나갈 344개의 구체적인 시책을 이끌어 냈다.

이중 130여 건은 사장에게 직접 건의하여 전 사全社 차원에서 지원해 줄 것을 요청하였고, 나머지는 자신들이 직접 추진하기로 결정하고 제안서 작성, 행동 변혁 및 자율 실천, 신개념 사무 공간에 대한 이해도 확산, 새로운 업무 현장 요건 검토를 위한 업무 그룹 등을 가동시켰다. 특히 새로운 업무 현장과 관련해서 신사옥에 입주하는 사람들이 각각 최대한의 성과를 발휘하기 위한 최적의 장소를 만드는 것에 초점을 맞추었다. 그리고 사원들에게 그렇게 만들어진 공간을 누구나 잘 이용할 것을 요구하였다.

이렇게 이끌어 낸 워크 스타일 변혁을 위해 이들은 분과회를 구성하여 각각의 시책을 더욱 구체화하고 해당 시책의 평가 지표를 만들어 내기 위한 다양한 활동을 전개하였다. 그중 대표적인 것을 들자면 워크 스타일 변혁 프레임 워크에 킴 카메룬과 로버트 퀸의 조직 문화 분석 기법을 적용하여 자신들의 변화 목표를 정한 일을 들 수 있다. 먼저 우치다 양행이 자체적으로 활용한 카메룬과 퀸의 조직 문화 분석 모델을 도시하면 다음 그림4-1과 같다

그림 4-1은 조직의 외부에 주목하는 경향인가, 내부에 주목하는 경향인가, 안정성과 통제를 중시하는가, 유연성이나 재량권, 독립성

그림 4-1. 우치다 양행의 조직 문화 분석을 위한 프레임 워크

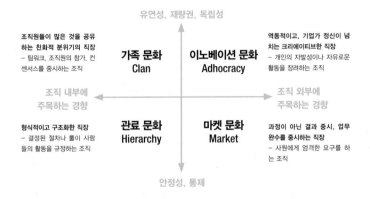

유연성, 재량권, 독립성

조직원들이 많은 것을 공유
하는 친화적 분위기의 직장
– 팀워크, 조직원의 참가, 컨
센서스를 중시하는 조직

가족 문화
Clan

이노베이션 문화
Adhocracy

역동적이고, 기업가 정신이 넘
치는 크리에이티브한 직장
– 개인의 자발성이나 자유로운
활동을 장려하는 조직

조직 내부에
주목하는 경향

조직 외부에
주목하는 경향

형식적이고 구조화한 직장
– 결정된 절차나 룰이 사람
들의 활동을 규정하는 조직

관료 문화
Hierarchy

마켓 문화
Market

과정이 아닌 결과 중시, 업무
완수를 중시하는 직장
– 사원에게 엄격한 요구를 하
는 조직

안정성, 통제

출처: 우치다 양행 사내 자료

을 중시하는가에 따라 가족 문화, 이노베이션 문화, 시장 문화, 관료
문화의 네 가지로 조직 문화의 유형을 구분하고, 각각의 특징을 정리
한 것이다. 그리고 이러한 분석 모델을 적용하여 오피스 사업부가 자
체적으로 조사를 하고 분석을 한 현상과 목표를 정리한 것이 다음 그
림 4-2이다.

분석 결과에 나타난 전반적인 내용을 보면, 영업 부문이나 개발 부
문 모두 현재의 관료 문화적인 요소를 줄이고, 이노베이션 문화를 지
향하는 쪽으로 목표가 정해진 것을 알 수 있다. 설정된 목표를 실현
하기 위하여 이들은 사업부가 최고의 퍼포먼스를 발휘할 수 있는 실
증형 업무 현장을 구축하기로 하였는데, 그 모습이 우리가 이야기하
는 스마트 오피스의 구축 그 자체라고 해도 과언이 아니다. 목표를
실행하기 위해 이들이 정리한 새로운 오피스가 갖춰야 할 역할과 기
능은 적시성을 살리는 모빌리티Mobility의 지원, 비생산적인 업무 프로

그림 4-2. **오피스 사업부의 조직 문화 현상과 목표**

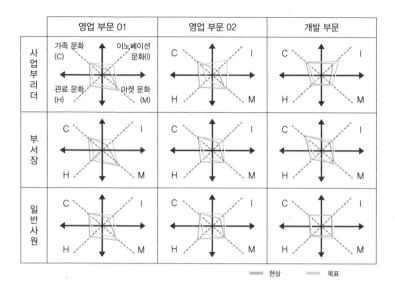

출처: 우치다 양행 사내 자료

세스의 최소화로 시간 창출 지원, 영업 및 관련 스태프의 지식 공유 지원, 자율적인 학습의 장 실현, 경험 가치를 고객들에게 제안할 수 있는 살아 있는 실험실Lining Lab 기능 실천, 비용 의식 제고 등 여섯 가지로 정리되었다. 이러한 오피스의 역할과 기능을 실현하기 위한 구체적인 공간 구성 및 솔루션을 요약한 것이 다음 그림 4-3이다.

예를 들면, 적시성을 살리는 모빌리티 지원이 가능한 오피스는 어떤 모습이어야 하는가. 직원들이 가볍게 움직일 수 있고, 시의적 절하게 일하는 방식을 뒷받침해 줄 수 있는 장Field의 기능과 사용의 편의성이 확보된 작업 공간이 되어야 한다. 우치다 양행은 자신들이 2년 동안 추진해야 할 실천 과제들로 정해진 것들에 대해 각기 지식

그림 4-3. **우치다 양행의 신 오피스 콘셉트**

작업 공간의 기능	작업 공간 시책	주요 실현 수단
목적, 목표를 실현하기 위해 필요한 6가지 기능	기능 실현을 가능하게 만드는 6가지 구조와 장치, 이를 지원하는 강인하고 유연한 인프라	구체적인 해결 방안과 방법
모빌리티(이동성, 민첩성)를 지원 — 경쾌하고 시의 적절하게 일하는 방식을 지원, 기능과 사용 편의성이 확보된 업무 공간	작업자가 상황에 따라 가장 생산성이 높고, 쾌적하게 일할 수 있는 장소를 자율적으로 선택할 수 있도록 하는 구조와 장치	선택 가능한 대안 공간 정비(영업자의 고정 좌석 폐지) 다의적인 공간 디자인
시간 창출 지원 — 비생산적인 업무 프로세스를 최소화하여 영업 활동, 창조 업무에 쓰이는 시간 비율을 확대할 수 있는 작업 공간	계획이나 전략 입안, 제안서 및 견적서 작성 등 영업의 제안 프로세스를 지원하는 구조와 장치	회의실, 담화실 제안 벤치 협업 공간 북 카페
지식 공유 촉진 — 영업 및 관련 스태프의 정보와 지식 공유를 촉진하는 구조와 장치가 조성된 작업 공간	ICT를 구사하여 형식지화한 지식은 물론, 개인이 가진 최신 정보를 적시에 발신, 공유할 수 있는 구조와 장치	스마트 인포메이션 시스템 도입 사내 정보 공유 포털 도입 소통 수단 확보
지식의 장 실현 — 영업이 지향하는 네 가지 모습을 실현하기 위해 자율적으로 학습하게 하는 작업 공간	보관 중인 종이를 최소화하여 정보의 휴대성과 공유, 활용을 촉진하는 구조	개인 파일 공유화 자료의 디지털화 라이프 사이클의 명확화 종이가 없는 회의, ad-hoc 원격 회의
	작업 공간 조성과 관련된 아이디어나 소재를 적시에 실행, 실증하고 그 성과를 대(對) 고객 제안에 연결시키는 구조	계획을 세우는 작업 공간 사용하기 쉬운 가변적 공간 디자인과 ICT, 설비 시스템 설계
리빙랩 기능 실천 — 스스로 새로운 일하는 방식, 일하는 장을 실천, 실증하고, 운용 평가를 거쳐 경합 가치를 제안할 수 있는 작업 공간	작업자 참여형 작업 공간 계획과 그 상태를 유지, 발전시킬 수 있는 운용 구조	작업자 참여형 계획 계획 프로세스 가시화 스파이럴 업(spiral up)형 운영 서클 운용
비용(Cost) 의식 — 운용 비용을 의식하고 총 비용 절감을 목표로 하는 운용이 가능한 작업 공간	각 작업 공간 시책을 지원하며 영업의 새로운 업무 방식을 촉진시키는 유연성 높은 ICT 인프라 정비 에너지 절약과 쾌적성이 양립 가능한 방향 지향 본사 빌딩과 신사옥 운용 관리의 통합	구사옥과 신사옥간 고속 랜(LAN), 전관 무선 랜 설치 자기 제어(모바일 설비 제어), LED 제어 등을 통한 에너지 절약 무전원 무선 스위치 채택 스마트 인 필(smart in fill)에 의한 유연한 공간 구성

THE
PLACE
for Change Working

영업 부문 업무 방식 변혁의 무대로 해당 부문이 최고의 성과를 발휘하기 위한 실증형 작업 공간

출처: 우치다 양행 사내 자료

Knowledge, 조직Organization, 프로세스Process, 기술Technology, 오피스Office 등
의 카테고리별로 실천 검증 리스트를 만들어서 하나하나 정리해 나
갔다.

우치다 양행이 신사옥 이전 향후 2년간 실천하기로 한 과제들은
우치다 양행식 스마트 오피스를 도입한 지 6개월 만에 30퍼센트 정
도는 실천이 되고 있다고 검증되었다. 35퍼센트 정도는 계속 실천 여
부를 검증해 나가고 있는 것으로, 그리고 35퍼센트는 아직 검증 단계
까지 가지 못하고 있는 것으로 나타났다.

우치다 양행
업무 혁신의 성과

이러한 업무 혁신 및 오피스 혁신을 통해서 우치다 양행은 과연 어떠한 효과를 거두었을까. 우치다 양행의 오피스 사업부는 2012년 2월에 실제로 새롭게 디자인된 신사옥으로 오피스를 이전한 뒤 이미 사전에 TFT 활동을 통해 정해진 구체적인 평가 지표에 따라 다양한 활동을 추진하였다. 이들이 6개월에 걸쳐 달성한 성과를 하나하나 살펴보면, 그 규모와 세밀함에 새삼 놀라게 된다.

먼저 서류 감축 상황을 보면, 오피스 사업부가 지니고 있던 서류양을 조사해 본 결과 이전 전에는 6.1미터였던 내부 보관 자료가 이전 후에는 1.8미터로 줄어, 외부 창고로 이관시킨 자료 0.1미터를 포함해도 71퍼센트를 줄였다는 놀라운 결과가 나왔다. 줄어든 자료는 폐기된 것도 많지만, 대부분의 경우에는 전자 파일로 데이터화하여 지속적인 활용이 가능하게 한 것도 성과라 하겠다. 이에 따라 서류를 보관하기 위한 공간도 기존 412제곱미터에서 73제곱미터로 무려 82 퍼센트가 줄어들었다. 이는 이들이 위치해 있는 도쿄의 사무실 임대료 기준으로 보아 연간 1830만 엔을 절감하는 부수적인 효과를 거둔 것과 마찬가지다. 특기할 만한 점은 이전 후 서류 인쇄양은 지속적으로 증가하였음에도 불구하고 전체적인 자료의 양이나 보관 장소는 늘지 않았다는 부분이다. 여기에는 다음과 같은 서류의 전자화 및 활용을 위한 노력이 있었다.

이들은 먼저 태블릿 PC와 스마트 폰을 적극 활용하도록 사내 SNS를 도입하여 정보 확산 속도를 대폭 업그레이드하였다. 또 소장 자료의 전문全文 검색 서버를 독자적으로 개발하여 사내의 지식 정보 공유를 촉진시켰다. 또한 정보 큐레이션을 자동화하여 사내 전자 게시판에 표시되도록 함으로써 자료 활용을 가속화시켰다.

신규 자료를 눈에 보이는 형태로 사내 여기저기서 보여 줌으로써 자료 접속 건수를 높여 조직 내 정보의 흐름을 원활하게 하는 것은 물론이다. 실제로 이 시스템을 통해 6개월간 1,180건의 제안서가 신규 등록되었으며, 27만 회 이상의 접속이 있었다고 한다. 재미있는 것은 그 이용 상황이다. 1인당 정보 접속 건수는 1주일에 28.3회였는데, 이는 이전에 비해 정보의 유통 속도가 171.5퍼센트 빨라진 것이라고 한다. 아이패드에서 접속된 시간대는 업무 시작 전과 점심시간 이후가 가장 많았으며 23시를 전후해서도 상당수가 자료를 보는 것으로 나타났다. 즉 집에서 잠들기 전에도 모바일로 사내 망에 접속해 자료를 체크하는 사람이 상당수라는 얘기다.

회의실 및 회의 효율화도 우치다 양행이 달성한 큰 성과 중 하나이다. 통상적인 다른 기업들과 마찬가지로 이들도 회의실 사전 예약제를 실시하고 있었는데, 월간 이용 실적을 분석해 본 결과 346건에 달하는 전체 예약 건수의 대부분이 1시간 30분씩 회의실을 예약하였으며 실제로 평균 회의 시간도 1시간 35분에 이르는 것으로 나타났다. 문제는 예약 취소율이 30퍼센트에 이른다는 데 있었다. 또 실제 회의실 이용률은 38.4퍼센트임에도 불구하고 사원들은 회의실 잡기가 어렵다고 느끼고 있었으며, 빈 회의실이 있으면 사용하고 싶다는 의견이 많았다. 이에 이들은 기본적으로 회의 시간을 단축하고 회의 공간을 대폭 늘림으로써 회의 효율을 높이고, 정보 전달과 공유를 위한 인프라 정비를 도모하게 된다.

먼저 회의실 수를 기존 17개에서 33개로, 와이어리스로 화상이나 정보의 공유가 가능한 화면 수를 기존 12개에서 24개로 대폭 늘렸는데, 오픈 미팅 수단의 활용으로 회의실 면적은 기존의 약 1.2배밖에 늘지 않았다. 회의 자료를 데이터 서버에서 검색하여 사용하게 함으로써 종이를 사용하지 않게 되어 준비 시간이 필요 없게 되었으며 결론을 내기까지의 시간도 대폭 단축되었다. 또한 회의실을 내부가 들여다보이는 투명한 공간으로 만듦으로써 누구나 회의 내용을 알아보고 지나가다가 회의에 참가하는 것도 가능하도록 발상을 전환한 것도 눈여겨볼 만하다.

이러한 노력의 결과, 이전 후 회의실 이용 실태를 보면 평균 이용 시간이 1시간 24분으로 12퍼센트가 절감되었다. 이를 연간으로 환산하면 19,137시간으로 영업 사원 13명분의 시간이 절약된 것과 마찬가지다.

한편 스마트 오피스 구축을 통해 사원들의 행동도 크게 변화하였다. 이들은 마이크로소프트의 '오피스 365 Office 365'라는 소프트웨어에 포함되어 있는 스케줄 기능을 활용하여 개인들의 행동 시간을 자동으로 집계를 하였는데, 구체적으로는 다음 표 4-1과 같이 과업 Task 별로 코드화하여 가치 창출 업무와 효율화 업무를 비교할 수 있도록 하였다.

사무실 이전 후 반년 이상 지난 2012년 9월을 기준으로 업무 비중의 변화를 보면 이동 시간은 12퍼센트에서 10퍼센트로, 2퍼센트 줄었고, 학습 및 성장을 위한 시간은 1퍼센트에서 6퍼센트로, 미팅 시간은 17퍼센트에서 16퍼센트로, 개인 업무 시간은 46퍼센트에서 34퍼센트로, 고객 대면 시간은 24퍼센트에서 34퍼센트로 늘어났다. 효율화 업무는 60퍼센트에서 48퍼센트로, 가치 창출 업무는 40퍼센트에서 52퍼센트로 늘어났는데, 제안 시나리오의 검토나 가설 입안 시간 등, 가치 창출 업무가 착실하게 증가하고 있다고 한다. 당초 우치다 양행은 영업 사원들이 내부 활동에 소비하는 시간의 10퍼센트를 고객과의 대화 시간으로 전환시킬 것을 목표로 설정했으나 신사옥으로 이전 후 6개월 동안 평균을 보면 데스크 작업이 줄고 고객과의 대화 시간이 1.5배 증가한 것으로 나타났다.

다음으로 볼 것은 사옥 이전 후 워크 스타일의 변화 양상이다. 사원들의 설문 조사 결과를 바탕으로 정리한 것이 다음 그림 4-4다.

표 4-1. **사원 행동 분석 조사**

Office 365의 스케줄 기능을 이용해 자동 집계한 각 행동 시간

과업별 코드화로 가치 창출 업무와 효율화 업무 비교

	과업 명칭	과업 내용	부가 가치
001	개인 업무 (정보 수집, 발신, 제안 검토)	고객, 제안 사례, 상품 등의 정보 수집 가설 입안, 제안 시나리오 검토, 제안서 작성 등	가치 창출 업무
002	개인 업무 (견적서 등 작성)	견적 의뢰, 견적서, 안건 수익 관리표 작성 등	가치 창출 업무
003	개인 업무 (사무 처리, 보고 처리)	전표, 업무 지시서, 약정서, 월간 보고서 등 각종 보고서 작성, 개별 청구서 발행, 입금 처리, 감사 보고, 클레임 보고서, 메일 등에 의한 정보 발신 등	효율화 업무
004	미팅 (검토, 상담)	안건 공략, 제안 시나리오 검토, 제출 견적 가격 상담 등	가치 창출 업무
005	미팅 (전달, 의뢰)	견적 의뢰, 업무 의뢰 등의 안건 및 업무 베이스(안건 지원 의뢰, 협력업체 협의 등)	가치 창출 업무
006	미팅 (사내 회의)	조회, 부서 내 회의, 영업 회의, 방침 발표회 등의 공식 회의	효율화 업무
007	고객 협의 (사내 시설)	사내 시설 안내, 회사 주최 이벤트, 기기 확인 등	가치 창출 업무
008	고객 협의 (제안, 니즈 조사)	청취, 프레젠테이션, 데모(demo), 니즈 파악을 위한 방문 등	가치 창출 업무
009	고객 협의 (조정, 준비)	납입 사양 협의, 정례 회의, 현장 견학, 견적 하용 협의, 납품 검수 등	효율화 업무
010	학습, 자기 개발	연수회, 연구회, 전시회, 세미나 참가 등	가치 창출 업무
011	이동 시간	고객 간, 사내 거점 간, 직행직귀 시 자택 간 이동	효율화 업무

출처: 우치다 양행 사내 자료

그림 4-4. **업무 방식 변혁에 대한 사원 의견**

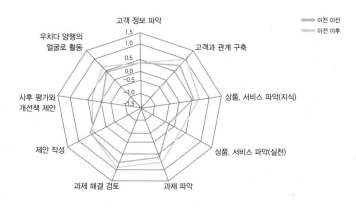

출처: 우치다 양행 사내 자료

그림 4-4는 영업 현장에서 일어나는 아홉 개의 일하는 장면을 기준으로 정리한 것인데, 제안 작성이라는 한 가지 장면을 제외하고는 전반적으로 모두 나아진 것이 확인되었다.

오피스 365에서 집계된 데이터에서도 나타났지만, 설문 조사 결과에서도 약 40퍼센트에 가까운 사원들이 고객과의 대면 시간면담, 스마트 오피스 안내이 늘었다고 응답하였으며, 제안서 등 공유 시스템상의 정보를 참조하는 기회가 늘었다는 응답자도 60퍼센트 가까이 되었다. 타 부문과의 커뮤니케이션이 용이해졌다고 응답한 사람이 80퍼센트 가까이, 타 부문과의 커뮤니케이션 횟수와 시간이 늘었다는 사람도 80퍼센트 전후로 나타났다.

이상에서 본 바와 같이 우치다 양행은 신사옥 건설을 계기로 실적

부진 사업부의 업무 혁신을 이끌어 내는 데 성공했다고 볼 수 있다. 그러나 처음부터 모든 것이 순조롭게 진행된 것은 아니었다. 특히 변동 좌석제의 경우 2~3개월간은 부적응을 호소하는 사원들이 많았다고 한다. 새로운 환경과 새롭게 일하는 방법을 동기화시키기 위해 많은 노력이 필요했다. 그중 독특한 것은 각 층별로 팀별 대표자로 구성되는 자치회를 만들어 매월 1회씩 모임을 가진다는 부분이다. 데이터를 공유하면서 검토하고, 사원들의 불만 사항을 논의하여 해결하려는 노력을 지속적으로 전개하고 있다는 것이다. 더욱 중요한 것은, 혁신의 대상과 목적을 확실하게 정하고, 스스로 측정 가능한 방법으로 KPI라는 평가 지표를 명확히 한 다음, 혁신을 위한 과제에 대해 사원들이 자신의 과제로 생각하도록 했다는 것이다.

전략과 비전을 구현한
유한킴벌리의 스마트 오피스

일본의 우치다 양행이 신사옥 이전을 계기로 독자적인 브랜드의 경영 혁신 활동을 이끌어 내었다면, 유한킴벌리의 경우 회사의 전략과 비전을 스마트 오피스 구축 및 스마트 워크의 추진을 통해 조직 문화 차원으로 승화, 발전시키며 구현해 내고 있는 좋은 사례이다.

유한킴벌리는 1926년에 설립된 우리나라의 전통 기업이라 할 수 있는 유한양행과 미국 킴벌리클라크의 합작으로 1970년에 창업되었다. 유한킴벌리는 주로 기저귀, 생리대, 키친타월, 미용 티슈 등, 여성과 유아 중심의 가족용 위생용품을 생산, 판매하는 회사의 업종 특성을 살려 가족 친화 및 환경 친화 기업으로서의 브랜드 이미지를 강화해 왔다. 1984년에 시작된 "우리 강산 푸르게, 푸르게" 캠페인을 통해 국유지 및 공유지에서의 나무 심고 가꾸기, 시민들과 함께하는 나무 심기 프로그램, 자연 친화적인 교육 공간 마련 및 녹색 커뮤니티 형성을 위한 학교 숲 만들기 활동, 청소년 자연 체험 교육, 숲과 환경에 관한 연구 지원 활동, 환경 서적 보급 등의 다양한 활동 들을 전개해 왔다. 보다 많은 국민이 숲의 혜택을 누리고, 숲 보호 활동에 참여할 수 있도록 노력해 목재를 원재료로 사용하는 환경 파괴 기업에서 환경 친화 기업으로의 이미지 변신에 성공하였다. 또한 일찍부터 유연 근무제를 도입하고, 육아와 출산을 적극 지원하며, 개인의 휴식과 재충전, 그리고 끊임없이 지식과 기술을 습득할 수 있는 평생 학습 지원 등, 가족 친화적인 제도 및 활동을 다수 기획, 운영하였다.

이러한 활동들의 결과, 유한킴벌리는 한국능률협회컨설팅에서 주관, 선정하는 가장 존경받는 회사에 2012년까지 9년 연속 선정되었다. 특히 유한킴벌리식 스마트 오피스가 구축되고, 스마트 워크가 본격적으로 시작된 2011년과 2012년에는 포스코, 삼성전자 등과 어깨를 나란히 하기도 했다. 취업 포털의 대학생 대상 조사에서도 여성들이 가장 입사하고 싶은 회사, 가장 일하기 좋은 회사 Top3 에 들어가는 성과도 거두었다.

유한킴벌리는 2010년에 '비전 2020'이라는 전 사全社 차원의 비전과 목표를 설정하였고, 그것을 달성하기 위한 다양한 시도 중 하나로 스마트라는 키워드에 주목했다. 이를 사무 환경에 적용한 것이 본사 사옥의 개혁이다. 또한 사원들의 문제의식과 최고 경영진의 의지가 어울려 시너지를 발휘한 경우라고도 볼 수 있다. 비전 2020과 관련하여 사원들이 사무 환경에 대한 개선 의견을 개진하였고, 최고 경영자가 이를 적극적으로 받아들여 스마트 워크 TFT를 조직해 활동하게 한 것이다. 스마트 워크 TFT에는 지속 가능 경영 본부장, 커뮤니케이션 팀장, 총무 팀장, 전산 시스템ITS 팀장 등이 포함되었는데, 이들이 사원들의 의견을 수렴하고 경영진과의 조율을 담당하면서, 스마트 오피스와 같은 환경 조성뿐만 아니라 스마트 워크 문화를 내재화하기 위한 노력을 2013년 현재까지도 계속하고 있다고 한다. 참고로 유한킴벌리의 비전 2020은 다음 그림에서 보는 바와 같이 소통, 혁신·창의, 일과 삶의 조화, 협업, 환경 친화라는 다섯 가지의 키워드를 중심으로 하는 새로운 기업 문화를 구축하는 것이었다.

그림 4-5. **유한킴벌리의 YK 비전 2020**

출처: 유한킴벌리 사내 자료

기존의 비효율적이고 사용하기도 불편한 사무 환경 아래서는 비전 2020에서 제시하고 있는 키워드들의 구현이 어렵겠다고 판단한 스마트 워크 TFT에서는 당시 사회 일각에서 많이 논의가 되고 있던 변동 좌석제나 스마트 워크 센터와 같은 유연하고 역동적인 열린 공간을 만들어 볼 것을 생각하게 되었다. 즉 출장, 휴가, 교육, 회의 등으로 많이 비어 있는 좌석의 비효율성을 제거하고, 가능하면 파티션 등을 없애서 오픈된 공간으로 만들어 직원들 간의 커뮤니케이션 및 협업의 증가를 기대했다.

그러나 아무리 그 취지가 좋다고 하더라도 실제로 이를 구현해 나가는 과정은 그리 만만하지 않다. 다양한 생각을 갖고 있는 사내 각 계각층의 직원들과 구체적인 사항에 대해 합의를 도출하는 자체도 쉽지 않지만, 실제 의도한 대로 공간이 구현되었다고 해도 사용상의 크고 작은 트러블이 끊임없이 일어나기 때문이다.

유한킴벌리식 스마트 오피스 구축 과정

스마트 워크 TFT에서는 우선 공간 효율화의 필요성을 호소하기 위한 데이터 수집에 착수했다. 2011년 6월 27일부터 7월 7일까지 사무실 각각의 공간이 실제로 얼마나 사용되고 있는지를 조사해 표시한 것이 다음 그림 4-6이다.

그림 4-6. **사무 공간 내 공석률**

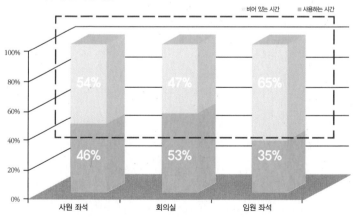

출처: 유한킴벌리 사내 자료

이 자료는 약 430명이 재적하고 있는 본사 오피스를 대상으로 한 것인데, 사원들 좌석의 54퍼센트가 상시적으로 비어 있는 것이 확인되었으며, 회의실은 47퍼센트, 임원들의 경우에는 65퍼센트가 늘 공석 상태인 것으로 나타났다. 스마트 워크 TFT에서는 수치상으로는 이러한 결과가 나타나고 있음에도, 사무실에는 더 이상 좌석을 확보할 공간이 없어서 신입, 전배 인력이 있거나, 다른 사업부와 공동 프로젝트를 진행하거나 할 경우에는 일반 좌석을 배정하지 못하고 회의실에서 일하게 하는 경우도 나타나고 있음을 어필하여 상하간 합의를 이끌어 내었으며, 본격적으로 공간 효율화를 위한 프로젝트를 추진하게 된다.

당초 의도대로 변동 좌석제를 도입하기로 한 유한킴벌리에서는 2011년 2월 각 층별로 어떤 사무실로 바꾸고 싶은가에 대한 사원들의 의견 수렴을 거쳐 4월과 5월에는 유니레버 일본, 포스코, NHN 등 국내외 기업들의 사례를 벤치마킹하였다. 그 결과를 바탕으로 자체적으로 콘셉트를 정리하고 디자인 시안을 만들어 사원들과 지속적으로 커뮤니케이션을 한 다음, 8~12월에 걸쳐서 새로운 스타일의 사무 환경을 구축한다.

물론 이 과정에서도 전 사적 합의를 얻기는 쉽지 않았다고 한다. TFT는 공실률 데이터 조사 분석 결과를 보고하고, 사원들의 의견을 수렴하며, 전문가를 초청하여 강의를 듣기도 하는 등, 사내 각 부문의 주요 의사 결정권자들의 공감을 얻기 위한 노력을 하였다. 그럼에도 불구하고 처음에는 한 개 층만 시범적으로 해 보고 그다음에 확산을 검토해 보자는 것으로 결론이 났다. 그러나 결과적으로는 바뀐 사

그림 4-7. 유한킴벌리에서 도입한 변동 좌석제의 모습

그림 4-7. **유한킴벌리에서 도입한 변동 좌석제의 모습**

종전의 개인 좌석 모습   변동 좌석제 도입 후

출처: 유한킴벌리 사내 자료

무 환경을 확인한 다른 층의 리더들이 앞다퉈 스마트 오피스 도입을 결정함으로써, 예상보다는 빠른 시간 내에 전 층이 다 스마트 오피스로 바뀌게 되었다.

실제로 변동 좌석제를 도입함에 있어서 유한킴벌리는 앞서의 공석률 조사 결과를 바탕으로 본사 사원 수의 80퍼센트에 해당하는 업무용 좌석을 확보하고, 나머지는 보다 더 자유로운 의사소통이 가능한 회의 및 토론, 휴게 공간으로 구성하였다. 그 결과 개인적인 고정업무 공간은 절반으로 축소되었으며, 공용 공간과 휴게 공간이 두 배 늘어났다. 전체적으로는 6.5개 층의 본사 사무실이 5.5개 층으로 한 개 층이 줄어드는 공간 절약 효과를 거두기도 했다. 유한킴벌리의 변동 좌석제는 임원들도 예외가 아니었는데, 기존의 임원실을 회의실 겸용으로 개조하여 임원 부재 시에는 사원들이 자유롭게 회의 등의 목적으로 이용할 수 있도록 하였다. 일부 임원의 경우 처음에는 불만을 제기하기도 하였으나 실제로 그런 식으로 사용해 본 결과 직원들

과의 소통 및 팀 간 협력이 증가되고 있음을 확인하고 자발적으로 사원들과 같은 좌석에서 업무를 보는 임원들도 나타나게 되었다.

유한킴벌리는 본사 사무실의 혁신과 동시에 정부의 스마트 워크 센터 확산 정책에 발맞추어 죽전, 군포 등지에 스마트 워크 센터를 세우기 시작했다. 이는 직원들이 집에서 가까운 곳이나 업무상 필요한 곳으로 직접 출근할 수 있도록 하기 위한 것인데, 신뢰를 기반으로 한 자율 근무 제도 확산 및 가족 친화 경영의 일환을 명분으로 조직 내 합의를 이끌어 내었다. 이러한 과정을 도시한 것이 다음 그림 4-8이다.

물론 유한킴벌리도 사무실의 겉모습만을 바꾼 것은 아니다. 그림 4-8에서 보는 것처럼 유한킴벌리는 비록 앞서 소개한 우치다 양행처럼 일하는 방법의 혁신과 동기화한 형태로 사무 공간의 혁신을 추진한 것은 아니지만, 2012년 이후에는 이를 연동시키려는 노력을 계속하고 있다. 위 그림에서 현재 진행 중인 과제 가운데 페이퍼리스 Paperless 캠페인, 전자 결재, 전 사원 대상 태블릿 PC의 배포, 회의 문화 개선, 원 페이지 One Page 보고 문화 개선 등이 이에 해당하는 것으로 볼 수 있다. 당연한 이야기지만 변동 좌석제를 도입, 정착시키기 위해서는 어느 좌석에서나 개인이 작업을 할 수 있는 모바일 컴퓨팅 시스템이 필요하고, 그리고 어느 좌석에서나 자신에게 걸려오는 전화를 받을 수 있는 환경 구축이 필수적이다. 이를 위해 유한킴벌리에서는 스마트 폰 등을 활용하여 이동 중에도 중요한 업무를 볼 수 있도록 이메일 및 전자 결재 시스템을 개선하였다. 또 프리 존 Free Zone 서비스를 도입하여 어떤 자리에서도 편리하게 통화가 가능하도록 하였으며,

그림 4-8. 유한킴벌리의 스마트 오피스 구축 프로세스

2011년 2월 스마트 오피스 구축 프로젝트 시작
- 층별 의견 수렴

● **4~5월 벤치마킹 및 연구**
- 유니레버 일본
- 포스코, KT, NHN

● **5~7월 콘셉트 및 디자인 설정**
- 사원 설문 조사
- 사원 대상 피드백
- 임원 특강
- 사원 NHN 특강 등

● **8~12월 서울 본사 스마트 오피스 구축**
죽전 이노베이션 센터 구축
스마트 워크 센터(죽전, 군포) 구축

● **진행 중**
- 본사 오후 7시 30분 소등
- 스마트 오피스 지속적 피드백
- 사내 커뮤니티 강화
- 라운지 활용 문화 활동 개최
- 페이퍼리스, 컵 캠페인
- 재택근무 시범 사업 운영
- 태블릿 PC 전 사원 배포
- 회의 문화 개선 TFT
- 원 페이지 보고 문화 개선 TFT
- 스마트 워크 센터 활성화 등

● **과제 제조 현장의 적응 준비**
- 안전 관리
- 설비 관리(설비 점검, 이력 관리, 자재에 부착된 태그와 스마트 폰 연동해 자재 관리 업무 등)
- 물류 혁신 등

출처: 유한킴벌리 사내 자료

인트라넷과 연계된 SNS로 기업형 페이스북Facebook이라고 할 수 있는 '야머Yammer'를 활용하여 직원들 간의 커뮤니케이션을 촉진하고 있다.

이러한 활동들이 정착되기 위해서는 역시 최고 경영자의 확고한 의지와 경영진의 지속적인 솔선수범이 필요한데, 유한킴벌리는 2012년 7월 전 경영진이 비전 2020 달성의 3대 핵심 가치 구현과 가족 친화 경영 일터를 만들기 위해 스마트 워크의 실천을 다짐하는 결의식을 갖고, 결의서에 서명하며 스마트 워크 실천 5대 원칙스마트한 회의 문화 실천, 스마트한 보고 문화 실천, 유연하고 탄력적인 근무 제도 권장, 야근 등 장시간 근무 관행 개선, 도전적이고 창의적인 업무 수행 지원준수와 실천을 다짐하기도 했다.

2012 유한킴벌리 경영진 스마트 워크 실천 가이드라인

1. 스마트한 회의 문화 실천 위한 5대 가이드라인

- 시작 전, 사전 DO 명확화 및 아젠다 공유
- 시작 전, 최소 회의 시간 설계(1시간 내 회의 권장)
- 진행 시, 퍼실리테이터, 타임키퍼, 기록자 결정
- 진행 시, 시작과 종료 시간 엄수
- 종료 후, 회의 평가 및 결과 공유

2. 스마트한 보고 문화 실천 위한 5대 가이드라인

- One Page 보고 활성화
- Paperless 지향
- 빠른 의사 결정
- 관행적 보고서, 중복 보고서 줄이기
- 보고 서식 사전 공유

3. 유연하고 탄력적인 근무 제도 권장 위한 5대 가이드라인(필요한 사원들 대상)

- 시차 출퇴근제 이용
- 현장 출퇴근제 이용
- 스마트 워크 센터 이용
- 재택근무 이용
- 유연 근무 제도 신청 시 빠른 의사 결정

4. 야근 등 장시간 근무 관행 개선 위한 5대 가이드라인

- 정시 퇴근 격려
- 지속적인 업무 혁신
- 가능한 오전 10시 전, 오후 5시 이후 회의 지양

- 야근 최소화
- 재충전 권장

5. 도전적이고 창의적인 업무 수행 지원 위한 5대 가이드라인

- 도전적 인재 양성
- 조직 내 다양성 및 포용 역량 강화
- 팀원 코칭과 피드백 강화
- 경력 개발 활성화
- 수평적 호칭 제도 적극적 활용

오픈 커뮤니케이션 지향

유한킴벌리의 스마트 오피스는 변동 좌석제의 도입이 가장 큰 특징이라고 할 수 있지만, 부수적으로 구성된 창의적인 공용 공간에서도 유한킴벌리의 조직 문화의 일단을 엿볼 수 있다. 먼저 강조하고 싶은 것은 사무실의 한가운데에 일종의 중정 이라고도 할 수 있는 공용 서비스 및 커뮤니케이션 공간을 '그린 웨이 라운지'라는 이름으로 개설했다는 것이다. 다음 그림에서 보는 바와 같이 이곳은 바로 옆에 설치되어 있는 음료 서비스 부스를 이용하여 커피 등을 마시며 휴식을 취하는 공간으로 활용되기도 하고, 사원들이 삼삼오오 짝을 지어 가벼운 대화나 토론을 즐기는 장소로 활용되기도 한다. 또 필요시에는 그림 4-9의 오른쪽에 보이는 것처럼 전 사원들이 모여서

그림 4-9. 라운지의 다양한 활용

출처: 유한킴벌리 사내 자료

강의를 듣거나 회의를 하는 공간으로도 활용될 수 있으므로 별도의 대회의실과 같은 큰 공간을 만들어 둘 필요가 없다는 장점도 있다.

이러한 중정식 공용 공간은 직원들이 사무실로 들어가거나 나올 때에 누구나 반드시 거치게 되는 공간이므로 불특정 다수의 직원들 사이에 우연한 만남을 촉진하는 효과가 있으며, 사원을 자기만의 공간 또는 폐쇄된 공간이나 구석진 공간에서 중앙의 오픈된 공간으로 유도함으로써 밝고 건전한 분위기를 조성하는 데 효과적이다. 실제로 사원들의 이야기를 들어 보아도 전반적으로 확 트여 분위기가 시원하고 팀원들과 빨리 소통할 수 있다는 이야기가 나온 것을 확인할 수 있다.

자신들만의 아이덴티티를 구현하여 브랜드 커뮤니케이션에 활용

유한킴벌리의 공간 구축 사례에서 특필할 만한 것은 자신들의 아이덴티티에 걸맞고 대내외적으로도 소구할 수 있는 이슈를 사무 환경에 적용했다는 것이다. 다음 그림 4-10에서 보는 바와 같이 사무실 내에 임산부를 위한 전용 좌석을 고안하여 배치했는데, 책상 디자인도 임산부가 앉아서 일하기에 불편함이 없도록 가운데 부분이 오목하게 들어가게 특별히 제작한 것이다.

이 외에도 아이에게 수유가 가능한 여성 전용 휴게실을 만들어 놓는다든지 하여 많은 방문객들로부터 유한킴벌리답다는 이야기를 듣게 되었는데, 2011년도에 많은 이슈가 된 워킹 맘에 대한 사회적인 논의와 더불어 회사 차원에서 WLB를 적극 실천하는 가족 친화Family Friendly 기업이라는 이미지가 높아지게 되었다.

환경 친화 기업이라는 브랜드 아이덴티티를 살린 그린 오피스 구현도 유한킴벌리답다. 앞서 스마트 오피스 구축 프로세스에서 본 바와 같이 페이퍼리스 실천을 적극 추진하고 있으며, 캠페인과 제도 보완을 계속해 나가고 있다. 기존에는 층별로 10~15대의 프린터가 있었는데, 공용 공간에 사무기기 존Zone을 만들어 1~2대의 프린터만을 설치하였다. 이는 프린터 사용을 불편하게 함으로 종이 사용을 줄이고자 하는 의도를 담은 것이다. 또한 개인용 쓰레기통도 없애고 각

그림 4-10. **유한킴벌리의 임산부 우선석과 임산부용 책상**

출처: 유한킴벌리 사내 자료

층에 한 개씩 통합 분리수거함을 설치하여 쓰레기 배출도 줄여 나가고 있다고 한다.

　유한킴벌리의 스마트 오피스에는 변동 좌석 공간이나 중정식 라운지 이외에도 집중하고 싶을 때 사용할 수 있는 폐쇄형 집중 업무 공간도 설치되어 있으며, 주변 사람들에게 신경 쓰지 않고 통화를 할 수 있는 전화 부스 공간, 기존의 서류함과 같은 형태로 만든 개인 사물함이 늘어서 있는 공간도 있다. 이러한 공간들은 비록 유한킴벌리 특유의 공간이라고는 할 수 없어도 어느 회사든 스마트 오피스를 구축하려고 할 경우에는 필수적으로 고려해야 할 공간 요소라는 점에서 많은 시사점이 있다.

얼굴 마주치면 웃는 거예요

업무 공간뿐 아니라 어느 곳이든지 원하는 자리에 앉아 일할 수 있다. '내 자리'가 아닌 '모두의 자리'이기 때문에 항상 자리를 깨끗하게 사용하고, 서로를 배려해 작은 소리로 말하며, 한 시간 이상 자리를 비울 때에는 개인 사물함에 소지품을 옮겨 놓아야 한다. 업무 종료 시에는 처음과 같이 자리를 정리하고 모든 좌석은 임산부 우선이므로 필요할 경우 좌석을 양보하도록 한다.

사우들의 한마디

- 확실히 불필요한 서류가 줄어들어서 좋아요.
- 옆 사람에게 방해가 되지 않도록 작은 소리로 말하는 것은 기본 에티켓이죠.
- 개인 사물함은 정말 필요한 것만 넣어서 사용해요. 작아 보이지만 절대 작지 않은 나만의 공간입니다.
- 전반적으로 확 트여 분위기가 시원하고 팀원들과 빨리 소통할 수 있습니다.

유한킴벌리의 혁신 성과

장영철 등[2012]은 유한킴벌리의 스마트 워크에 대해 다음과 같은 평가를 내리고 있다.

유한킴벌리의 스마트 워크는 그동안의 여러 혁신 활동을 실질적으로 가시화하는 활동으로 유한킴벌리에서 중요하게 생각하는 환경, 탄소 배출 감소, 직원과의 수평적인 관계, 직원의 창의력 향상, 자율 근무제를 모두 포함하고 있다는 데에서 그 의미가 더 크다. ……중략…… 스마트 워크가 생산성 향상, 직원 만족도 증가, 창의력 증진의 성과로 이어지기 위해서는 단순한 사무실 공간의 재배치와 자율 근무제 시행으로는 불충분하며, 이러한 제도를 구성원들이 자유롭게 이용할 수 있도록 기업 문화 및 근로 환경을 조성하는 것이 무엇보다 중요하다. 유한킴벌리 특유의 스마트 워크 시스템은 기업의 핵심 역량인 교대조, 학습 조직화, 가족 친화 정책을 기반으로 하고 있어 공간 활용과 정보 기술만 강조하는 다른 일반 스마트 워크 시스템과 차이가 있다. 스마트 워크를 통한 비전 달성과 결과는 유한킴벌리의 지속적인 변화와 혁신의 노력을 성공적인 사례로 보여 주고 있다.66)

실제로 유한킴벌리에서 자체적으로 스마트 워크 추진의 성과를 분석한 내용을 보면 다음 표 4-2와 같다.

표 4-2. **스마트 워크 추진 성과**

항목	개선 전	개선 후	원가 절감 (백만 원/년)	온실가스 감소 (tCO2e)
사무 공간 면적 최소화 ✔냉난방 면적 감소	6.5층	5.5층	586.4	224.5
개인 냉난방 기기 사용 감소 ✔선풍기(대) ✔전열기(대)	256 32	0 0	0.5 1.7	2.6 8.6
5층 그린 컵 사용(개) (5층 사용 후 확산)	47,000	9,000 (80%↓)	1.6	0.4
Paperless(장)	2,010,000	1,050,000 (48%↓)	6.1	1.7
복사기 및 팩스 설비(대)	36	15 (58%↓)	0.6	3.1
		TOTAL	596.9	238.6
업무 공간 이산화탄소 농도	1,860ppm	1,014ppm	실내 공기(사무실) 질 개선	

출처: 유한킴벌리 사내 자료

스마트 오피스 도입의 성과를 원가 절감 금액과 온실가스 감축 효과로 연결시킨 것이 특징적이다. 스마트 오피스로 바뀐 다음 한 개층의 사무 공간이 절약되었는데, 이것을 돈으로 환산하면 단순한 임대료 절약만이 아니라 냉난방 비용까지를 포함하여 약 5억 9000만 원의 절감 효과가 나타났으며 그 결과 온실가스도 224톤이 감소되었다. 기타 개인 작업 공간의 축소에 따른 개인 냉난방 기기 사용 감소나 그린 오피스 추진에 의한 페이퍼리스, 사무기기 감소분에 대한 금액도 제시는 되어 있으나 금액으로 보면 사무 공간 절약 효과에 비해서는 미미한 수준이다.

그러나 유한킴벌리의 스마트 오피스 구축 효과는 이러한 것들로는 설명될 수 없는 것들이 많다. 무엇보다 중요한 것은 하루의 생활 시간 중 가장 많은 시간을 할애하고 있는 일터를 먼저 개선함으로써, '더 나은 생활을 향한 믿음'이라는 비전 슬로건을 직원들의 눈에 보이는 형태로 구현시켰다는 것이다. 즉 직원들이 자신의 주변에서 비전 슬로건을 체감할 수 있게 됨으로써 회사에 대한 신뢰도와 자긍심을 향상시킬 수 있었다. 대외적으로도 환경 친화, 가족 친화, 그리고 혁신 기업이라는 브랜드 이미지를 제고시키는 데에 크게 기여했다고 볼 수 있다. 또 남들보다 앞서서 새로운 환경을 꾸미는 시도를 과감하게 전개함으로써 스마트 오피스 구축을 고민하는 대한민국의 많은 기업들에게 훌륭한 길잡이가 되어 주고 있다는 점도 높이 평가할 만하다.

근래 전개되고 있는 창조 경제는 개개인의 자발적인 창의성을 필요로 한다. 창의성은 차치하고라도 예나 지금이나 직원들이 근면하게 업무에 임하는 조직 문화를 가진 기업이 성공 확률이 높은 것은 사실이다. 다만 그러한 근면성이라는 것이 탑 다운 방식의 소위 감시 효과에 의한 것인가, 자발성에 기초한 것인가는 대단히 중요한 이슈이다. 일본 도요타 자동차의 자율 현장 팀 사례에서 보듯 수치화할 수 있는 생산량 등으로 성과 측정이 가능한 블루칼라 역시 자율성이 높으면 성과가 높게 나타난다. 하물며 블루칼라와는 전혀 다른, 그 성과가 쉽게 눈에 보이지 않는 업무 특성을 가지고 있는 화이트칼라의 경우에는 개개인의 자발성에 기초한 근면성이 중요한 것은 두말할 필요도 없을 것이다. 그러한 것들은 바로 유한킴벌리와 같은 신뢰 기반의 조직 문화가 아니면 발휘되기 어려우며, 금액만으로 환산하기 어렵다.

제5장

스마트 오피스 도입 솔루션

스마트 오피스는 밖으로 드러나 보이는 구체적인 공간이다. 하지만 그 운용은 각 기업의 조직 능력에 따라 달라진다. 조직원과 경영진의 충분한 의견 교환을 통한 공감을 바탕으로 공간을 구성해야 스마트 오피스는 그 진가를 발휘할 수 있다.

누부시게 발전한 ICT 인프라는 불가능할 듯했던 사무 공간도 구현 가능하게 만들었다.

이트너스 디자인의
스마트 오피스 솔루션

앞 장의 우치다 양행 사례에서 살펴본 바와 같이, 일하는 방법과 일하는 장소의 동기화는 조직 구성원들의 창의성을 이끌어 내고 효율화도 도모할 수 있는 좋은 수단이라고 할 수 있다. 문제는 화이트 칼라에 관해서는 그들이 일하는 방법론에 주목하고 있는 기업도 많지 않을뿐더러 생산 라인에 대한 관심과 달리 사무 공간에 대해서는 그다지 신경을 써 온 기업이 많지 않다 보니, 막상 스마트 오피스와 같은 사무 공간의 혁신이나, 사무직 작업자들의 일하는 방법의 혁신이 필요하다는 것을 인식한다고 하더라도 무엇부터 어떻게 시작해야 할지 잘 모르고 있다는 것이다.

특히 다양한 ICT 기기들과 매칭이 필요한 사무 공간 디자인의 경우, 지금까지 그다지 많은 주목을 받지 못했던 만큼 전문성을 가진 곳도 드물어서 마땅히 물어볼 곳도 많지 않다. 현재 정부를 중심으로

많이 강조되면서 도입이 확산되고 있는 스마트 워크 센터의 경우에
도 거기에 들어가는 ICT 기기들과 공간 디자인이 따로 움직이게 되
면 관련 시설들이 충분히 활용이 되지 못할 가능성이 많다. 즉 ICT의
발전에 따른 시대적 요청이라고 할 수 있는 스마트 오피스는 기존의
공간 디자인을 담당하던 건축 및 인테리어 업체와 ICT 관련 업체의 역
량이 융 · 복합됨으로써 비로소 제 기능을 다할 수 있는 사무 공간으
로 거듭나게 되는 것이므로 세심한 주의가 필요하다 하겠다. 이하에
서는 일찍부터 이러한 부분에 주목을 하고 관련 역량을 개발시켜 온
이트너스 디자인㈜의 스마트 오피스 솔루션을 소개하고자 한다.

이트너스 디자인은 2003년에 설립되어 주로 삼성전자의 사무실
공간 디자인 및 시공을 담당해 온 회사이다. 최첨단 ICT 기기와 시스
템을 장비한 사무 공간의 디자인 및 시공에 관여하다 보니 공간 디자
이너들이 ICT에도 눈을 뜨게 되었고, 2012년부터는 이트너스의 아웃
바운드 BPO Business Process Outsourcing 사업부 내에 ICT 기기 소싱 및 구
매 대행을 전담하는 팀과 협력하여, 아예 스마트 오피스 구축 사업을
추진할 것을 전면에 내세우기 시작했다. 때마침 판교 테크노밸리로
사옥을 이전할 계획을 갖고 있던 이트너스와 이트너스 디자인은 신
사옥에 자신들이 연구해 온 스마트 오피스 솔루션을 적용해 보기로
한다. 많은 준비 끝에 이들은 2012년 6월초, 자신들의 콘셉트에 맞게
새로운 스타일의 오피스 환경을 구축하고, 실제로 그 속에서 자신들
이 직접 공간을 사용하며 체험해 나가면서 이런저런 불편 사항을 시
정하고 본래의 목적에 맞게 최적화시켜 나가는 한편, 고객들을 초청

하여 새로운 공간 사용을 체험해 볼 수 있도록 하는 라이브 쇼룸으로 도 운영하게 되었다. 이렇게 구체화된 이트너스 디자인의 스마트 오피스 솔루션은, 스마트한 업무 방식과 ICT환경을 융·복합화한 새로운 공간 혁신 프로그램을 제시하는 것으로, 다음과 같은 네 가지의 변화를 기대하고 있다.

첫째, 사내 지식 교류 및 팀 활동의 시너지 제고를 위해 폐쇄적인 사무 공간을 오픈된 협업 환경으로 전환하는 것으로, 변화하는 워크 스타일을 반영하는 기능을 중심으로 공간을 할당한다.

둘째, 개인 및 조직 간 협업의 효율성 제고를 위한 공간을 많이 제공하는 것으로, 같은 공간이라도 기존 대비 10~30퍼센트의 협업 공간의 추가 확보가 가능한 방법을 제안, 다양한 목적으로 이들 공간을 활용할 수 있게 함으로써 보다 효율적으로 협업을 지원한다.

셋째, ICT 활용도를 극대화시키는 것으로, 공간과 사용자를 고려한 ICT 환경을 제공하고, 모바일 워크와 원거리간 협업을 효율적으로 수행할 수 있는 최적의 ICT 기기를 제공한다.

넷째, 기업의 동일한 브랜드, 아이덴티티, 문화, 그리고 커뮤니티의 결속력을 강화시키는 작업 공간을 제공한다.

이와 같은 내용으로 구성된 이트너스 디자인의 스마트 오피스 솔루션은 실제 사무 공간에서 어떻게 구현되었을까. 이트너스 판교 테크노밸리 사옥에 조성된 스마트 오피스가 어떤 단계를 거쳐 어떤 식으로 구체화되었는지에 대해 공간 디자인 프로세스를 중심으로 살펴보기로 한다. 먼저 전체적인 디자인 프로세스를 도시하면 다음 그림 5-1과 같다.

그림 5-1. 디자인 프로세스

| Empathize (공감) | Define (문제 정의) | Ideate (디자인, 설계) | Presentation (발표, 제시) | Prototype (형태 구축) | Test (사후 관리) |

제1단계인 감정 이입Empathize은 사용자 중심의 공감 프로세스를 말한다. 조직 구성원들이 서로 공감하며 새로운 워크 스토리work story를 만들어 내는 단계로, 이트너스에서는 먼저 사옥 이전을 위한 내부 TFT를 구성했다. 이후 국내외 선진 기업을 벤치마킹하고, 디자이너들이 관련 사항들을 조사한 다음, 직원들의 희망 목록을 만드는 과정으로 진행되었다. 벤치마킹은 국내에서 이미 스마트 오피스와 유사한 콘셉트를 적용하고 있는 포스코와 유한킴벌리를 포함하여 몇몇 중견 기업의 사무실을 방문, 견학하였으며, 일본의 선진 기업들도 몇 군데 돌아봄으로써 새로운 사무 환경 조성의 방향성에 대한 TFT 팀원들의 공감을 이끌어 내었다. 그 사이에 디자이너들은 사원들을 대상으로 설문 조사를 실시하고, 각 그룹별로 심층 면접과 질의응답을 진행하였으며, 공간 사용 행태 및 패턴에 대한 관찰 조사를 실시하

고, 각 그룹별로 보유하고 있는 집기들과 보관 문서의 양 등을 실측하기도 하였다. 우치다 양행의 경우 전 사원들의 워크숍을 통해 먼저 공감을 이끌어 냈던 것과는 달리, 이트너스 디자인의 공감 프로세스는 CEO의 전폭적인 지원하에 추진 주체인 이전 TFT 멤버와 디자이너들을 중심으로 이루어진 것이 특징이라고 할 수 있다.

제2단계인 문제 정의Define는 새로운 공간 구축 시 고려해야 할 주요 사안들을 도출해 내는 프로세스를 지칭한다. 벤치마킹 및 리서치를 통해 수집된 데이터를 토대로 새롭게 문제를 정의하는 단계라고 할 수 있다. 새롭게 정의된 업무 방식과 제도를 통해서 정체성을 찾고, 실제로 구현시킬 스마트 오피스 솔루션의 방향을 설정하는 과정이다. 우선 트렌디한 스마트 워크 및 스마트 오피스의 키워드로 등장하고 있는 변동 좌석제, 시차 출퇴근제, 에코 그린 오피스 등의 개념들이 검토되었으며, 공간 구축 비즈니스의 마케팅 수단으로도 활용할 수 있도록, '라이브 오피스'*라는 콘셉트가 제안되었다. 또한 이트너스는 2020년까지 매년 30퍼센트 성장을 목표로 삼고 있는 성장 지향 회사인 만큼, 전체적인 사무 공간 조성의 기조를 '성장의 공간Grow Field'이라는 콘셉트로 정리하기로 하였다. 들판에서 초목들이 자라나듯이 새로운 일터도 성장하는 곳이라는 의미를 담은 것이다.

제3단계인 개념화Ideate는 디자인 설계 프로세스다. 생각을 정리하고 실제로 공간을 디자인해 보는 과정으로 ICT를 융·복합화하여 창의적으로 재디자인Re-design하고 설계Planning하는 것을 염두에 두고 진

---

* 스마트 오피스에서 사원들이 실제로 일하는 모습을 고객들에게 그대로 보여 주자는 취지.

행되었다. 이동성과 협업 방식 등의 워크 스타일 분석 내용을 반영하여 최적의 공간을 설계하는 데에 중점을 두었다. 이를 위해 다음 표 5-1과 같이 각 사무 공간별 특성을 분석하고, 실제로 그곳에서 일어날 수 있는 활동 내용을 감안하여 해당 공간에 적절한 ICT 기기들을 배치해 보았다.

표 5-1. **워크 스타일과 공간 적합성 분석**

Field	공간 특징	Open/Close	Work/Refresh	Crew/Client	공간 성격	ICT 기기
Field 1	손님을 맞이하는 공간으로 외부의 접근이 쉽고 전망을 가지고 있는 공간	Open	Work = Refresh	Crew = Client	접객, 홍보, 채용, 업무, 회의, 외부 미팅, 휴식, 수다	NFC, RFID, LED 등 활용, 빔 프로젝트형 전자 칠판
Field 2	메인 쇼룸 공간	Close	Work = Refresh	Crew = Client	교육, 회의, 행사, 파티	단초점 렌즈, 대형 와이드 영상, 조명 제어 시스템 활용
Field 3	업무 공간과 연장된 오픈 협업, 미팅 공간	Open	Work ∨ Refresh	Crew ∨ Client	업무, 협업 업무, 내부 미팅, 토의, 프레젠테이션	클라우드, 멀티 PC, 테이블형 PC
Field 4	전망을 가지고 있는 공간	Close	Work ∧ Refresh	Crew ∨ Client	내부 미팅, 브레인스토밍, 휴식, 음악 감상, 서고	도킹 오디오 시스템
Field 5	방음 기능을 가진 단시간 예약 사용 공간	Close	Work ∨ Refresh	Crew ∨ Client	공식적 회의(화상 회의 등), 아이디어 미팅	화상 회의 시스템
Field 6	업무 공간과 연장된 소규모 미팅 공간	Open	Work = Refresh	Crew ∨ Client	상사와 면담, 간단한 업무 미팅, 업무 중 잠시 휴식	FMC 시스템, 문서 보안 시스템

Field 7	집중 근무가 가능한 공간	Close	Work ∨ Refresh	Crew ∨ Client	집중 근무	클라우드 시스템
Field 8	방음 기능을 가진 장시간 예약 사용 공간	Close (&Open)	Work ∨ Refresh	Crew ∨ Client	TF 업무, 대여 공간	TV형 전자 칠판

예를 들어, 나중에 홍보관 및 이 라운지E-Lounge라는 공간으로 정리된 필드Field 1은 회사 입구를 들어서면 바로 보이는 공간으로, 접객, 홍보, 회의, 휴식, 수다 등 다양한 목적을 가진 공간으로 정의되었다. 또 NFC, 전자 칠판 등의 관련 ICT 기기들을 예시한 점이 사무용 가구 배치만을 고려하던 지금까지의 보통의 사무 공간 디자인과 달리 눈에 띄는 부분이라 하겠다.

제4단계인 프레젠테이션은 디자인 안을 발표하고 제시하는 프로세스이다. 구체적인 디자인 내용을 가지고 조직 구성원들과 커뮤니케이션을 시도하는 단계로, 디테일 드로잉을 모두가 공유함으로써 실제 구현 모델의 시행착오를 줄이는 과정이다. 그림 5-2는 최종적으로 확정된 이트너스와 이트너스 디자인의 신사옥 공간 디자인 평면도인데, 이렇게 최종안이 확정이 될 때까지 몇 차례에 걸쳐 유사한 공간 디자인 시안을 가지고, 대표 이사를 포함하여 해당 공간에서 근무할 사원들에게 설명하고, 수정 및 개선 의견을 수렴하였다.

제5단계인 시작試作, Prototype은 확정된 디테일 드로잉대로 형태를 구축해 보는 프로세스이다. 실제 공간을 만들어 실현시키는 과정으로 최소한의 벽체를 설치하고, 컬러의 패턴을 고려하여 다양한 바닥재

그림 5-2. **이트너스 신사옥의 디테일 드로잉**

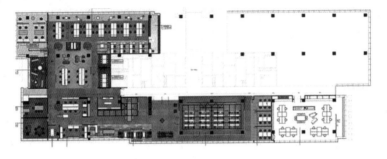

를 활용하였으며, 노출된 천장 공간을 통해 활동적인 공간감을 표현
하였다. 또한 패브릭, 벽지 등 변경이 용이한 아이템과 수납과 이동
이 쉬운 이동형 가구와 이동식 벽체, ICT 디바이스의 재설치가 용이
한 우치다 양행의 스마트 인 필 시스템을 활용하였다. 한편으로는 원
목 등의 자연 소재를 많이 활용하여 아날로그적 감성을 담으려 노력
했다.

제6단계인 테스트는 사후 관리 프로세스이다. 사원들의 공간 사용
행태를 조사하여 테스트 및 실험을 하면서 개선해 나가는 단계로, 실
제로 조성된 공간에서 사원들이 어떤 행동을 하는가를 분석하여 또
다른 변화에 적용시키는 과정이다. 공간별 활용 빈도, 공간별 활용
유형을 체크하고, 우연적인 커뮤니케이션의 빈도나 타 부서와의 협
업 프로젝트 빈도, 미팅 및 프레젠테이션 유형의 변화를 분석해 보았
다. 각 공간별로 설치되어 있는 ICT 기기별 활용의 장단점을 분석하
기도 했다. 더불어 회사에 대한 소속감 및 로열티, 각 직급별 만족도
평가도 실시하였으며, 페이퍼리스와 클라우드 구축 효과를 검토하기

도 하였다.

이러한 단계를 거쳐서 조성된 이트너스의 스마트 오피스는 기존의 일반적인 오피스와는 사뭇 다른 상당히 독특한 공간적 특징을 지니게 되었다. 이제 실제로 만들어진 공간을 하나하나 살펴보면서 그러한 특징들이 어떻게 구현되어 있는지를 살펴보기로 한다.

먼저 이트너스는 우치다 양행과 마찬가지로 회사가 지향하는 가
치를 사무 공간 속에서도 구현이 될 수 있도록 노력하였는데, 구체적
으로는 다음 그림과 같이 개인 공간, 휴게 및 교류 공간, 협업 공간이

그림 5-3. **이트너스의 사무 공간**

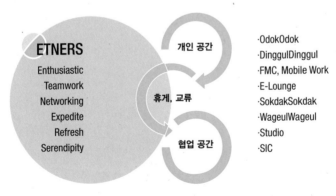

ETNERS
Enthusiastic
Teamwork
Networking
Expedite
Refresh
Serendipity

개인 공간
휴게, 교류
협업 공간

·OdokOdok
·DinggulDinggul
·FMC, Mobile Work
·E-Lounge
·SokdakSokdak
·WageulWageul
·Studio
·SIC

라는 세 가지 영역별로 재미있는 이름을 가진 다양한 공간이 탄생하게 되었다.

앞서 지식 창조 공간의 개념을 살펴보면서도 알게 된 내용들이지만, 창조적인 업무를 하기 위해서는 사무실에서 개인들이 혼자서 업무에 집중을 할 수 있는 공간도 필요하고, 동료들과 자유롭게 이야기하면서 아이디어를 교류할 수 있는 공간, 같이 팀워크를 발휘하며 협업을 할 수 있는 공간, 그리고 개인적으로 쉴 수 있는 공간도 필요하다. 이트너스의 사무 공간을 지칭하는 몇 가지의 독특한 이름들은 바로 이러한 개념들을 가지고 만들어진 것이다.

먼저 오독오독OdokOdok은 독서실처럼 높고 큰 칸막이가 있는 개인만의 작업 공간을 말하는데, 딱딱한 것을 오독오독 깨물어서 씹어 먹듯이 업무도 조심조심 집중해서 잘 소화를 시키라는 의미에서 작명이 되었다. 뒹굴뒹굴DinggulDinggul은 글자 그대로 일을 하다가 피곤하여 잠깐 쉬어야겠다고 생각할 때에는 그 공간으로 가서 뒹굴뒹굴 놀아도 된다는 의미를 담았다. 다음 그림에서 보는 것처럼 이 공간에서는 간단히 체력 단련을 하거나 발 마사지 등을 할 수 있는 기구는 물론, 누워서든 앉아서든 자유로운 자세로 조용히 음악을 들으면서 책도 볼 수 있는 공간으로 구성했다. 특이한 것은 이 공간에는 신발을 벗고 맨발로 들어가도록 하였는데, 그것 때문인지 보다 자유로운 얘기가 가능하다며 팀 미팅을 굳이 여기서 하는 부서도 나타나게 되었다고 한다.

와글와글WageulWageul도 말 그대로 와글와글 떠들며 자유로운 토론과 미팅 또는 작업이 이루어지기를 기대하는 열린 공간이다. 이트너스는 다음 그림과 같은 열린 공간을 통해 사원들의 다양한 커뮤니케이션을 유도하고 창의적이며 자율적인 업무 방식이 만들어질 것을 기대하고 있다.

와글와글의 공간적 특징을 몇 가지 살펴보면, 먼저 천장 부분 A의 경우 일반적인 사무 공간의 천장과 달리 배관 구조까지 보이는 누드형 천장을 채택함으로써 개방된 공간감을 높였고, 바닥에는 B와 같이 카펫의 색상을 달리 함으로써 벽체나 칸막이가 없어도 구분된 공간이라는 의미를 주도록 하였다. 또한 경계선을 따라 C와 같은 이동식 벽체전 방위로 이동 가능하며 칠판 기능을 겸할 수 있다를 설치하여 필요한 경우에 약간의 폐쇄감을 줄 수 있도록 하였다. 긴 테이블의 끝에는 D와 같은 텔레비전형 디스플레이를 설치하여 언제든 그곳에 자료를 띄워 놓고 모여 앉아서 토론 및 회의가 가능하도록 하였다. 천장에는 프로젝터

그림 5-4. 뒹굴뒹굴 공간의 실제 모습

와 자동 스크린을 달아서 대규모 회의나 이벤트도 가능하다. 필요한 경우에는 E와 같은 이동식 칸막이를 적당히 조절하여 자신만의 공간으로 이용할 수 있게도 하였으며, F와 같은 그린Green과 책이 공존하는 책장, 그리고 G, H와 같은 다양한 의자를 배치하여 북 카페 기능도 겸하도록 하였다.

이트너스의 대표적인 협업 공간으로 설계된 스튜디오의 경우에도 많은 공간적 배려가 이루어졌는데, ICT와 사무 공간 디자인의 절묘한 융복합을 지향하는 곳으로 만들어졌다. 일반적으로 사무실 인테리어는 대개 10년 이상 사용이 될 것을 전제로 이루어지는 경우가 많지만, ICT 기기들의 경우 워낙 기술의 변화 속도가 빨라서 기기와 공간이 제대로 매치되지 않는 경우가 많다. 예를 들면 프로젝터 기기의

그림 5-5. **와글와글 공간 구성**

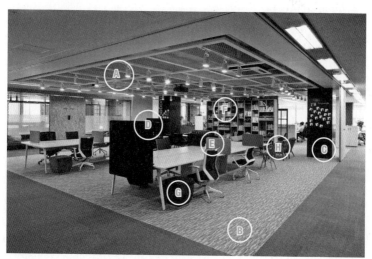

경우 사무실에서 3~4년 사용하게 되면 그 수명이 다하여 폐기되거나 아니면 보다 혁신적인 기능을 가진 제품으로 대체되기 쉬운데, 그때마다 화면 투사시의 초점이나 중량 등이 달라, 먼저 달려 있던 곳에 그대로 재설치하기가 어려운 점이 있었다. 이에 이트너스는 박스인 박스Box in Box 즉 공간 속의 공간을 지향하는 우치다 양행의 스마트인 필Smart Infill이라는 공간 구축 솔루션을 도입하여 이러한 문제를 해결하였다. 그 결과 ICT 기기의 착탈이 용이하고, 사용하는 면재面材의 특성에 따라서 전혀 다른 공간감을 이끌어 낼 수 있는 혁신적인 공간이 구성되었다. 즉 조명, 프로젝터, 스크린 겸용 전자 칠판, TV형 디스플레이, 화이트보드 등이 자유자재로 어느 부분에나 교체 설치가 가능한 열린 공간이 된 것이다.

그림 5-6. **스튜디오의 모습**

이트너스에서는 이 공간을 주로 회의 장소로 활용하고 있는데, 처음에는 소리가 다 들리는 개방된 공간이라는 점에서 서로 기피하는 분위기가 있었으나 점점 열린 공간이 주는 개방감을 향유하게 되면서 가장 중요한 임원들의 경영 회의까지 이곳에서 이루어지게 되는 등, 이트너스 내에서 가장 많이 활용되는 공간이 되었다. 이러한 열린 회의실은 참석자의 오픈 마인드를 이끌어 내기 쉬울 뿐만 아니라 지나가다가 의제에 관심이 가지게 된 사람을 끌어들여 같이 논의하기도 쉬운, 그야말로 우연한 발견에 의한 창조적인 작업을 위해 적절한 공간이라 하겠다.

이트너스의 독특한 공간 중에서 톡톡 가튼과 간단한 부엌 및 카페와 같은 좌석이 배치된 이 라운지도 빼놓을 수 없는데, 톡

그림 5-7. **톡톡 가튼의 모습**

톡 가든의 경우 변동 좌석제를 적용하고 있는 사원들에게 자신의 좌
석이 없어짐에 따른 상실감을 해소시켜 주고자 마련된 것이었다. 이
트너스의 직원 모두는 자신의 이름이 적힌 화분 하나씩을 갖게 되는
데, 다음 그림과 같은 공동 공간에 화분을 올려 두고 개인이 해당 식
물을 키우면서 옆 동료의 화분에 메시지를 남길 수도 있게 하는 등의
장치들을 통해 교류해 나가게 된다. 이는 삭막한 사무실에 자연을 이
용한 공간을 제안한다는 의
미가 있으며, 사무실이 단
순히 일을 하기 위한 곳이
아니라 정서적인 생활 공간
으로서의 의미도 있다는 것
을 잘 알려주는 사례라 할
수 있다.

그림 5-8. **E 라운지의 모습**

톡톡 가든 옆에 자리하고
있는 작은 부엌과 푹신한
소파와 작은 테이블이 놓여
있는 라운지는 이트너스 직
원들에게 새로운 형식의 교
류를 촉진하는 또 다른 형
태의 유용한 공간이다.

일반적으로 사무실 내
탕비실은 안 보이는 곳에
있거나 벽면 쪽으로 싱크

대를 배치하는 경우가 많으나 이트너스는 과감하게 바의 카운터석과 같은 배치를 하고, 계란 프라이 정도의 요리를 할 수 있는 간단한 전자식 히터 및 토스터기, 커피 머신 등을 배치하여 사원들이 이곳에서 아침 식사를 간단히 해결하거나, 업무 시간 중에라도 삼삼오오 짝을 지어 커피를 내리고, 음료를 서로 교환하며 카페석에 앉아서 환담을 나눌 수 있도록 하였다.

이트너스의 이러한 공간적 시도는 직원들의 우연한 만남에 의한 창의적인 교류를 이끌어 낸다는 의미에서 대단히 중요한 의의가 있다. 예전에는 출근하여 퇴근할 때까지 어쩌다 마주치면 눈인사 말고는 전혀 교류가 없던 사원들까지도 라운지에서 아침에 간단한 식사를 같이 하면서 이런저런 이야기를 나누게 됨으로써 동료로서의 친근감이 더 우러나게 되었다고 할 수 있다. 또 예전에는 담배를 피러 나가는 사람들의 전유물이었던 사내 비공식적인 정보의 교류가 라운지라는 일상적인 업무 공간에서 이루어지게 되었다는 의미도 있다. 라운지 카페석의 편안하고 자유로운 분위기에 이끌려 내방객들도 회의실보다는 자연스럽게 그 쪽으로 안내를 하게 되다 보니, 간단한 회의실의 역할도 충분히 소화를 하게 되었다.

스마트 이노베이션 센터Smart Innovation Center, SIC라고 이름 붙여진 이트너스의 교육장도 대단히 창의적인 공간 구성 사례의 하나로 눈여겨볼 만하다.

다음 그림에서 보는 바와 같이 먼저 천장을 뜯어 트여 있다는 느낌을 강조하였고, 스튜디오와 마찬가지로 스마트 인 필 시스템을 도입하여 조명 및 ICT 기기 활용의 유연성을 높였다. 또한 LED 조명의 작동 및 조도 조절, 각종 ICT 기기의 전원 차단, 프레젠테이션 관련 기기 조작 등을 모두 태블릿 PC나 개인의 스마트 폰으로 가능하게 함으로써 스마트한 공간을 연출하였다. 무엇보다 특징적인 것은 교육장을 횡으로 길게 만들었다는 것인데, 전면 무대 쪽에 단초점 렌즈를 지닌 세 대의 프로젝터를 설치하여 세 개의 화면에 동시에 같은 화면을 투사하기도 하고, 세 개의 화면이 하나의 큰 화면으로 통합될 수도 있게 하는 등의 장치를 통해 강사나 발표자가 더욱 역동적으로 무대를 오가면서 청중들과 활발한 교류가 이루어질 수 있도록 하였다. 또한 교육장을 창가 쪽까지 모두 활용하지 않고 벽체를 세워 분리한 다음, 화분과 벤치를 많이 배치하여 교육 참가자의 휴게 및 상호 교류가 가능한 공간으로 만든 것도 특징이다. 그 결과 이트너스의

그림 5-9. **스마트 이노베이션 센터**

교육장은 단순한 교육장으로서의 기능을 넘어서 대규모 회의장, 각종 기기의 테스트 및 전시장, 파티장, 영화·음악 감상실 등의 기능도 충분히 수행할 수 있게 되었으며, 실제로 그렇게 자주 활용되고 있다.

　이상에서 설명한 공간적인 내용 이외에도 FMC^{Fixed Mobile Convergence}라고 하는 통신 시스템을 도입하여 사무실 내 고정 전화를 없애고 개인이 소지한 스마트 폰으로 개인용 및 업무용 통화를 구분하여 할 수 있도록 하였는데, 이는 변동 좌석제를 적용하기 위해서는 불가피한 조치이기도 했다. 개인이 그날그날 앉는 좌석에 따라 그 좌석에 있는 고정 전화기의 번호를 바꿀 수 있는 IT 기반의 전화 시스템이 도입되지 않는 한, 현재로서는 이트너스와 같은 모바일 폰 활용이 변동 좌석제의 유일한 해법이다. 한편 이트너스의 프리 어드레스 존도 파티션이 없는 개방된 업무 공간을 지향하였기 때문에 통화 시의 소음 등을 우려하여 사무실 한켠에 전화 부스를 설치하기도 하였으며, 2~3명이 옆에서 소규모 미팅을 간단히 할 수 있도록 속닥속닥^{SokdakSokdak} 이라는 작은 테이블 공간도 마련되었다.

스마트 오피스 구축 시 착안점

이상에서 본 바와 같은 이트너스의 스마트 오피스는 당연한 이야기지만 모든 사무 공간이 지향해야 할 모습이 아니라 이트너스의 독자적인 장기 비전과 전략이 구현된 모습이라고 보아야 할 것이다. 이트너스는 전체 직원 460여 명 중 400명 정도가 고객사의 현장에 들어가서 일하는 형태인 인바운드 BPO 서비스가 메인 사업 부문이라, 본사 사옥 근무자는 지원 스태프와 아웃바운드 BPO 사업 및 이트너스 디자인 직원들을 포함하여 60여 명 정도로 그리 많지 않다. 그럼에도 불구하고 실 평수 500여 평 이상의 공간에 많은 투자를 하여 스마트 오피스를 구축한 것은, 이트너스 디자인의 살아 있는 쇼룸으로서의 기능을 담당시키기 위한 것도 있지만, 각 사업 현장에 나가있는 사원들에게 이트너스 사원으로서의 일체감과 소속감을 주기 위한 의도도 있다. 예전에는 사원들이 회의 참석이나 교육을 위해 본사를 방

문하더라도 있을 만한 곳이 마땅치 않았으나 본사가 변동 좌석제를
적용하고 사원들 상호 교류를 위한 라운지와 같은 서비스 공간을 갖
추게 됨으로써 본사의 프리 어드레스 존에 있는 책상을 자기 좌석처
럼 이용할 수 있게 되었고, 본사 인력들과의 교류도 활발해지게 되었
다. 대개의 경우 회사에서 변동 좌석제를 도입하는 것은 공간 절약
의도를 가지고 추진하는 경우가 많으나 이트너스의 경우에는 오히려
여유 공간을 많이 가져감으로써 고객사에 나가 있는 현장 사원들까
지 품으려는 조금 다른 차원의 노력을 한 것이라고 할 수 있다.

이처럼 사무 공간은 선진적인 모습이라 하여 무조건 따라하기 식
으로 추진해서는 곤란하며, 이트너스 디자인의 사무 공간 디자인 프
로세스에서 본 바와 같이 사원들이나 경영진이 자신들이 가져가야
할 바람직한 모습에 대하여 충분한 의견 교환을 통해 공감을 이루어
내는 것이 중요하다. 스마트 오피스 구축 관련 사내 공감을 이끌어
낼 때에 참고가 되는 새로운 공간 구성과 관련된 고려 요소들을 오피
스 생활의 각 장면별로 구분하면 다음과 같다.

작업실Workstation

일반적으로 많은 사람들이 모여서 각자 자기 자리를 잡고 일을 하
는 장소를 작업 장소Workstation Field라고 할 수 있다. 스마트 오피스 구
축의 관점에서 본다면 이 공간을 어떻게 할 것인가가 사원들에게 가

장 크게 변화를 느끼게 할 수 있는 부분이다. 본인들이 가장 많은 시간을 보내는 장소의 변혁과 관련되기 때문이다. 이 부분을 어떻게 할 것인가는 결국 선택의 문제라고 할 수 있다. 전면적으로 모든 좌석을 변동 좌석제로 할 것인가, 일부는 고정 좌석제로 남겨 둘 것인가의 선택이다. 전면 변동 좌석제를 도입하기로 한 경우에는 사장을 포함하여 임원진 등 고급 간부의 좌석까지 그렇게 할 것인가의 선택이 따른다. 회사의 변화에 대한 의지를 모든 사원들에게 공감시키기 위하여 업무 특성이나 직급에 관계없이 일률적으로 변동 좌석제를 도입하는 경우도 있으나, 일반적으로 변동 좌석제는 영업이나, 사업 기획, 연구 개발 등 수시로 이동과 협업을 필요로 하고 있는 직군에 적합한 형태이다.

하루 중 얼마나 좌석을 비우는지에 대해서는 정확한 관찰 조사가 이루어져야 하는 것이지만, 대개의 경우 교육이나 출장 등에 의한 결석 부분을 포함하여 70~80퍼센트 정도의 좌석을 확보하는 것만으로도 충분히 커버되는 경우가 많다. 다만 일부 직군에 따라서는 100퍼센트 자리를 확보하면서 변동 좌석제를 도입하는 것이 바람직한 경우도 있을 것이다. 그리고 총무나 인사, 재무 관련 부서 등 내부 직원을 고객으로 하는 직군의 경우에는 사원들의 접근성 등을 고려하여 고정 좌석제를 운영하는 것이 바람직한 경우도 있을 것이다.

협업 공간 Co-Working Space

동료와의 협업이나 회의 등 공식적 소통을 위한 장소로 주로 회의 공간 등이 이 부분에 해당이 된다. 이 경우에도 기존의 회의 공간과는 별도로 개방된 공간으로 만들 것인가, 아니면 기존의 밀폐된 회의 공간을 그대로 쓸 것인가에 대한 선택의 문제가 있다. 또 밀폐된 공간이라도 투명하게 보이도록 해서 안에서 무엇을 하고 있는지 지나가는 사람이 알 수 있도록 하는 방법도 있다. 이트너스 디자인의 자체 조사 결과에 따르면 현재 국내 대기업의 사무 공간에서 회의실이 차지하는 비중은 12퍼센트 정도이지만, 스마트 오피스를 구축할 경우에는 오픈된 자유로운 회의 공간을 포함하여 15~20퍼센트 정도의 회의 공간을 확보할 것을 권장한다.

은신처 Shelter Space

이 공간은 개인적으로 업무에 집중할 수 있거나, 또는 혼자서 휴식을 취할 수 있는 공간을 말한다. 기존의 사무 공간에서는 찾아보기 어려운 부분이지만, 변동 좌석제와 같은 스마트 오피스를 구축할 때에는 필수적으로 요청되는 공간이기도 하다. 개인의 집중 작업 공간은 앞서 언급한 이트너스의 오독오독이라는 공간과 같이 독서실 타입으로 만들어 두는 경우가 대부분이지만, 회사에 따라서는 다양한 스타일의 좌석을 준비해 둘 수 있을 것이다. 사무실 한구석에 플레이트 등의 값싼 소재와 짐 볼 같은 기구만 놓아두어도 의미가 있다.

개인 휴식이 가능한 공간은 생각을 위한 장소Thinking Point라고도 할 수 있는데, 혼자서 휴식을 취하면서 창의적인 생각을 하게 하자는 취지를 담고 있다. 포스코 사옥에는 이런 용도로 '포레카'라 불리는 공간이 조성되어 있다. 적극적인 휴식은 몸을 새로 구성하게 하고, 이를 통해 심신이 더욱 편안해지고, 또 다른 즐거움과 의욕을 고취시키게 된다.

우연한 커뮤니케이션 공간 Serendipity Communication Space

이 부분은 스마트 오피스 구축 시 가장 중요하게 생각해야 하는 부분으로, 사원들의 동선 등을 잘 고려하여 가능한 한 불특정 다수의 사원들끼리 접촉이 많이 일어날 수 있는 공간으로 설계하는 것이 바람직하다.

이트너스는 현관 입구에 사원들의 활동 사진을 모은 판을 설치하였다. 평소 고객사에 나가서 일을 하는 사원들이 본사 사무실에 들렀을 때 자신의 사진을 찾아보며 동료들과 인사를 하는 공간으로 활용한다. 일부 사진에는 해당 활동의 동영상을 NFC에 담아서 사원들이 가진 스마트 폰으로 재생시켜 볼 수 있도록 하는 재미 요소도 부가하였다.

우연한 커뮤니케이션이 일어날 확률이 많은 이러한 공간 구축은 휴게 및 브레인스토밍이 가능한 환기와 재충전 공간과 구성원들에게 다양한 서비스를 제공하는 서비스 공간으로 나누어 생각해 볼 수 있다. 환기 공간의 경우 기존의 단순한 휴게만을 위한 공간이 아니라 간단한 아이디어 미팅, 브레인스토밍, 팀 미팅 등이 가능한 공간으로 만드는 것이 포인트다.

서비스 공간의 경우 간단한 식사, 사무자동화, 수납 등의 기능을 가진, 직원들 간의 자연스러운 우연적 만남을 유도하는 공간으로 활용하는 것이 바람직하다. 현재 우리나라 대기업들의 평균적인 휴게 및 서비스 공간은 6퍼센트 내외이나, 스마트 오피스에서는 다양한 협업이 가능한 이 부문의 비율이 더 높게 요구된다. 그렇다고 기존 공간과는 별도로 이를 위한 공간을 더 확보해야 한다는 것은 아니며, 고정 좌석제를 변동 좌석제로 바꾸는 것만으로도 여유 좌석 10~20퍼센트가 나오게 될 것이므로 이 부분의 좌석을 없애고 환기와 재충전, 커뮤니케이션이 가능한 장소로 바꾸자는 것이 이트너스 디자인이 제안하는 스마트 오피스의 기본 콘셉트이다.

모바일 작업 공간 Mobile Work Space

이 부분은 '언제, 어디서나'라는 말이 상징하듯이 현대의 ICT 기술을 최대한 활용하여 장소와 이동 시간의 한계를 극복하기 위한 것이다. 정부에서도 시간과 장소에 얽매이지 않고 언제 어디서나 일할 수 있는 체제를 목표로 공무원들에게 스마트 워크를 장려하고 있는데, 그 구체적인 내용은 다음 그림에서 보는 바와 같이 재택근무, 모바일 근무, 스마트 워크 센터 근무를 지칭한다.

그림 5-10. **정부가 제안하는 스마트 워크의 개념**

출처: http://www.smartwork.go.kr

현재 정부 청사의 지방 이전과 맞물려 가장 주목을 받고 있는 것은 기존의 사업장과 별도의 오피스 공간을 주거지 가까운 곳에 두고 그곳에 나와서 일을 하도록 하는 위성 사무실Satellite Office이다. 위성 사무실 개념이 출현한 지는 오래되었으나 그동안에는 ICT 기술이 이를 뒷받침해 주지 못하는 경우가 많아서 그다지 보급되지 못했다. 최근 정부 주도로 스마트 워크 센터Smart Work Center라고 이름 붙인 위성 사무실 건설 붐이 일고 있고, 역세권 등 사원들이 접근하기 쉬운 곳에 이러한 시설이 많아질 경우 앞으로 민간 기업들도 많이 활용을 할 수 있을 것으로 보인다.

기타, 집에서 업무를 보는 재택근무의 경우에도 기존의 생활 공간과는 차별화된 업무 공간의 조성이 필요한 경우가 많다. 스마트 워크 센터나 재택근무나 공통으로 필요한 것은 화상 회의 시스템이나 사내 인트라넷의 확장, 클라우드 컴퓨팅 환경 등, 다양한 관점에서 그러한 업무 스타일에 적합한 ICT 인프라와 이와 어울리는 적절한 공간 디자인이 갖추어져야 한다는 것이다.

경영 혁신을 위한 동력,
스마트 오피스

「우리가 꿈꾸는 기적, 인빅터스Invictus」라는 영화가 있다. 남아프리카 공화국의 넬슨 만델라와 관련된 실화를 바탕으로 만들어진 영화로, "나는 내 운명의 주인이고, 내 영혼의 선장이다."라는 만델라의 독백이 인상적이다. 흑백의 인종 간 갈등이 심각한 나라의 대통령이라는, 아주 어려운 조직의 리더가 되어 어떻게 화합과 통합을 이끌어 낼 것인가 고민하다, 누구나 불가능하다고 생각했던 럭비 국가 대표 팀의 월드컵 우승을 통해 온 국민의 마음을 하나로 엮어 내는 과정을 그리고 있다. 이 영화에서는 서로 다른 방향으로 움직이는 사람들의 마음을 하나로 모이게 만드는 힘을 가진 스포츠에 주목한 만델라의 시선을 눈여겨봐야 한다. 2002년도 월드컵 당시 서울 시청 앞 광장을 가득 메웠던 붉은 물결을 생각해 보라.

사람들은 왜 조직을 만들어서 비즈니스를 해 나가는 것일까. 그것은 조직을 이루게 되면 1+1이 2가 아니라 3이 되고, 4가 될 수도 있다는 것을 경험적으로 알고 있기 때문이다. 이것이 바로 조직력이다. 물론 어떤 조직은 3, 4의 효과를 내기는커녕 괜히 합쳐서 제로(0)가 되거나 마이너스(-)가 되는 경우도 있을 수 있다. 사공이 많으면 배가 산으로 간다는 말이 있는 것처럼, 조직을 만든다고 모두가 다 그런 플러스(+)가 되는 조직력을 발휘하는 것이 아니라는 데에 경영의 묘미가 있다. 조직력을 발휘하도록 만들기 위해서는 리더의 리더십이 중요한데, 그중에서도 전략적 의도Strategic Intent를 설정하고 그것을 실현시켜 나가는 비저너리Visionary 리더십이 매우 중요하다.

앞서 언급한 영화에서 만델라와 럭비 팀의 주장이 만나서 대화를 나누는 장면에서도 리더십과 관련된 매우 중요한 이야기가 나온다. "자네의 리더십 철학은 무엇인가? 팀원들로 하여금 어떻게 최선을 다하도록 자극하지?"라는 만델라의 질문에 대해 럭비 팀 주장은 "모범by Examples을 보인다."라고 대답한다. 만델라는 이에 동의하면서, 다시 "팀원들이 할 수 있다고 생각하는 것 이상의 능력을 어떻게 이끌어 낼 것인가?"라고 질문한다. 즉 리더가 솔선수범하면 조직 구성원들로 하여금 리더를 따라서 최선을 다하게는 할 수 있지만, 그들로 하여금 그들이 할 수 있다고 생각하는 것 이상으로 노력하게 하지는 못한다는 것이다. 다시 말해 거의 불가능하다고 생각되는 목표를 향해 조직 구성원들이 도전을 하고 그것을 이루어 나가기 위해서는 리더의 솔선수범만으로는 부족하며, 어떤 계기나 영감, 자극이 필요하다는 이야기다. 영화에서는 럭비라는 스포츠가 계기가 되어 준 것이고, 넬슨 만델라와의 만남을 통해 럭비 선수들이 그들의 조국이라는 정체성에 눈을 뜬 것이 자극제가 되어 준 것이라고도 할 수 있다.

스마트 오피스의 구축과 활용도 마찬가지다. 만델라가 국가 경영의 많은 수단 중에서 스포츠에 눈을 돌린 것과 마찬가지로, 어떤 경영자는 스마트 오피스의 구축을 계기로 직원들에게 또 다른 도전을 시도해 보도록 할 수 있다. 스포츠를 단순한 스포츠로 생각하지 않았던 만델라와 마찬가지로 스마트 오피스를 단순한 근무 환경의 개선이라고 생각하지 않는 경영자에게 스마트한 경영 혁신의 길이 열리는 것이다. 오피스 환경 개선은 생산성 향상의 필요 조건에 불과하므로, 이를 충분 조건으로 만들어 나가기 위한 경영 혁신의 전체적 접근Total Approach이 필요한 것이다.

일하는 방법의 혁신과 장소의 동기화Synchronize를 추진한 우치다 양행의 사례에서 살펴 본 바와 같이 장소에 관한 문제만이 아니라, 일을 하는 방식과 업무 프로세스 등, 기업 활동의 전반을 오피스 혁신의 테마로 삼을 때에 비로소 스마트 오피스 구축의 의의가 제대로 살아난다. 즉 각자의 비전과 전략에 따라 오피스의 기능과 용도를 명확히 하고, 단순히 쾌적함이나 기능성에만 주목할 것이 아니라, 제도나 시스템을 바꿔서 업무 추진의 용이성을 제고하고, 직원들의 창조성 발휘를 지원하는 조직 문화로 승화, 발전시켜 나가려는 의지가 필요하다.

이러한 관점에서 스마트 오피스 구축을 통한 오피스 혁신을 추진할 때에는 다음과 같은 점에 유의해야 한다.

먼저, 오피스는 다름 아닌 삶의 현장이라는 관점이다. 다양한 사람들이 모여서 따로 또 같이 일하며 어울리는 장소이기에 쾌적함과 기능뿐 아니라 각 개인의 라이프 사이클에 맞는, 또는 개별 조직의 특성에 맞는 다양성Diversity과 유연성Flexibility을 확보해 나갈 것이 요구된다.

둘째, 오피스는 정보화의 중심 역할을 수행해야 한다. 따라서 조직 구성원들의 정보가 모이는 허브Hub 역할을 할 수 있는 정보화 플랫폼Platform 정비가 필요하다. 물리적 공간이든 가상Virtual의 공간이든 조직의 네트워크를 형성하고 있는 모든 조직 구성원들이 무슨 일을 할 때에 다 거쳐 가야만 하는 필수 통과점Obligatory Passage Point이 될 수 있어야 한다.

셋째, 오피스는 의식 개혁의 장場이자, 수단이기도 하다. 21세기 창조 경제의 승자가 되기 위하여 조직 구성원들에게 창의 기반의 생산성을 기대하는 조직이라면, 일상의 사무 공간과 제도, 업무 처리 시스템을 스마트하게 바꿔야 한다. 지식 창조 공간으로서 오피스의 의의를 재확인하게 하고, '워크 하드에서 워크 스마트'로 의식 개혁을 촉진시킬 수 있다.

마지막으로 오피스는 기업 문화 발신의 장이기도 하다. 대내적으로는 조직 구성원들에게 조직, 그리고 그 구성원으로서의 자신의 정체성을 일상적으로 느낄 수 있도록 하는 공간이 되어야 하고, 대외적으로는 브랜드 이미지 제고에 연결시킬 수 있어야 한다.

그러나 영화에서 보는 것과 같은 스포츠 이벤트가 국가 경영의 다가 아니듯 스마트 오피스의 구축도 경영의 모든 것은 아니다. 다만 스포츠를 스포츠로만 보지 않았던 넬슨 만델라의 눈처럼 스마트 오피스에 주목하고 거기서 또 다른 가치를 이끌어 내는 리더들의 눈이 살아 있다면, 스마트 오피스의 구축은 강력한 경영 혁신의 동인動因으로 작용할 수 있다. 정부 및 민간의 많은 조직에서 스마트 오피스 구축 활동이 활발히 전개되고, 그것이 각 조직 구성원들의 삶의 질을 높이면서, 비약적인 생산성 향상으로 연결될 수 있기를 바라 마지않는다.

부록

스마트 오피스의 신화와 진실

지금까지 각종 연구 결과 및 기업의 사례를 통해 확인해 온 바와 같이 스마트 오피스에는 많은 전략적 의의가 함축되어 있음에도 불구하고 기업들은 실제로 도입해 보는 것을 망설이는 경우가 많다. 이는 잘못된 정보에 기반한 오해나 편견이 작용하고 있는 경우가 많다. 다음에서는 스마트 오피스 관련 비즈니스 현장에서 이트너스 디자인이 그동안 많은 고객들에게 받았던 질문 내용을 기초로 그 신화^{Myth}와 진실^{Truth}을 정리하여 제공함으로써 스마트 오피스에 관심이 있는 모든 독자들의 이해를 돕고자 한다.

Q1. 스마트 오피스를 구축한다고 해도 당장 가시적이고 정량적인 효과를 기대하기는 어려운 것 아닌가? 매출과 직접적인 연관이 없다.

A. 스마트 오피스에 단기적인 비용 감소 효과는 기대하기 어려운 것이 사실이다. 애써 투자를 한다 하더라도 제대로 활용하지 못할 경우에는 오히려 직원들의 혼란만 가중시켜 단기적으로 비용의 증가는 물론, 생산성 후퇴로까지 연결될 가능성도 있다. 스마트 오피스를 구축했다고 하여 매출이 바로 늘어나는 것도 아니니 직접적인 효과가 없다는 것도 맞는 말이다. 단기적인 효과를 기대한다면 스마트 오피스보다는 고객들 대상으로 마케팅 비용을 투입하는 것이 훨씬 더 효과적이다. 스마트 오피스는 눈에 보이지 않는 조직의 힘을 믿는 곳에서, 그리고 장기적인 시각에서 지속 가능 경영을 염두에 두고 있는 조직에서 도입을 추진하는 것이 맞다.

물론 어느 정도는 가시화, 정량화가 가능한 부분도 존재한다. 사무 공간을 새롭게 바꿈으로써 직원들 간의 커뮤니케이션 빈도가 늘어났다든지, 정보 공유 및 창조적 작업의 증가 등은 얼마든지 측정이 가능하다. 스마트 오피스를 도입하기 전에 미리 조직 구성원들과 KPI(Key Performance Index)를 명확히 설정해 보는 것도 유용하다. 기타 조직 분위기가 밝아졌다든지, 만족도나 애사심이 올라갔다든지 등의 다양한 정성적인 효과는 설문 조사나 인터뷰 등의 방법을 통해 파악할 수 있다. 실제로 스마트 오피스와 같은 환경을 구축하여 장기적으로 생산성을 많이 증가시킨 선진 기업들은 많다.

Q2. 스마트 오피스는 비용이 많이 들고, 모든 환경을 다 바꾸어야 실효성이 있는 것 아닌가?

A. 스마트 오피스에 대한 초기 투자 비용은 각자의 상황이나 의도하는 바에 따라 천차만별이다. ICT 기기의 경우에도 사양에 따라 가격 차가 크고, 실내 인테리어나 가구도 소재 및 디자인 여하에 따라 많은 차이가 나는 것도 사실이기에, 의욕이 앞설수록 비용도 비례적으로, 또는 기하급수적으로 늘어날 수도 있다.

분명한 것은 다소의 초기 투자 비용은 어쩔 수 없어도, 운영 비용을 낮출 수 있는 방안은 얼마든지 있다는 것이다. 실제로 이트너스 디자인에서 제안하는 것과 같은 스마트 오피스의 경우 벽체를 없애는 등과 같은 인테리어적 구성 요소들을 가능한 한 가볍고 가변적인 변화형을 채택함으로써 오히려 사무실 운영 비용이 감소하여 장기적으로는 경비 절감 효과를 이끌어 낼 수 있다. 또한 스마트 오피스는 특정 부서의 특정 공간을 선정하여 점진적으로 적용해 나가는 것도 가능하다. 생산 라인의 변경과 마찬가지로 사무 환경의 변경에 대해서도 비용이 아닌 투자 개념으로 인식을 전환하는 일도 필요하다.

Q3. 직원들이 ICT 환경에 익숙하지 않은데, 최신의 ICT 기기가 필요한 스마트 오피스의 경우 오히려 혼란을 초래할 수 있는 것 아닌가?

A. 이것은 그 조직이 과연 어떤 전략적 의도를 지니고 있느냐에 따라 답이 달라지는 문제이다. 여기저기서 글로벌화를 이야기한다 하여 국내 시장만을 대상으로 하는 기업들도 무턱대고 글로벌 인재를 확보, 양성해야 되는가 하는 문제와도 같다. 먼저 전략과 목표를 분명히 하고 어떠한 사무 환경이 그러한 전략과 목표를 달성하는 데에 도움이 될 것인가를 고민해야 한다.

또한 스마트 오피스라 하여 반드시 최신 ICT 기기로 무장해야 하는 것은 아니다. 감성적이고 아날로그적인 공간 디자인 접근으로도 얼마든지 친숙한 ICT 환경을 구축하는 것이 가능하며, 무조건적인 최신형의 값비싼 ICT 기기가 아니라 자신의 회사에 맞는 업무 스타일을 고려한 기자재의 선택이 중요하다.

회사의 규모가 작아서 유료 서비스의 활용이 부담스러운 경우에도 구글의 화상 회의 지원 서비스나 야머의 기업형 SNS 서비스 등에서 무료로 제공되는, 다소 기능이 제한된 서비스만을 이용해도 충분히 효과를 거둘 수 있다.

Q4. 모바일 워킹이 가능한 사무 환경을 구축할 경우 언제 어디서나 일에 얽매이게 될 것이므로 싫어할 수 있다.

A. 언제 어디서나 일에 얽매이게 되는 것은 반드시 모바일 워킹 시스템을 도입했기 때문이라기보다는 그 조직의 업무 스타일, 조직 문화 등의 측면 때문이라고 생각해야 한다. 굳이 특정 조직에서 스마트 오피스를 도입하지 않아도 이미 관리자들이 수시로 불러서 일을 시킬 수 있는 사회적 인프라는 갖춰져 있다. 문제는 스마트 오피스가 아니라 스마트하게 일할 수 있는 조직 분위기인가 아닌가에 있는 것이다.

스마트 오피스는 목적이 아니라 수단이며, 그것도 직원들을 더 일에 얽매이게 하기 위한 수단이 아니라, 유연하고 합리적인 업무 추진, 그리고 장소와 시간에 관계없이 민첩한 조직적 대응을 가능하게 함으로써 시간을 절약할 수 있는 수단이라는 시각에서 접근해야 한다. 스마트 오피스의 도입을 통해 직원들의 시간당 생산성을 높일 수 있다면, 절약된 시간을 조직과 개인이 나눠 가질 수 있을 것이고, 이는 WLB의 향상에 연결되어, 조직 구성원의 재충전, 창조적인 작업 시간의 확보 등의 효과를 가져 올 수 있다. 물론 절약된 시간 전부를 조직이 가져가려 하는 문화라면 질문과 같은 현상이 일어날 것이다.

Q5. 일하는 건지 노는 건지 잘 모르겠다. 팀원을 통제하기가 힘들 것 같다. 잡담만 많아지는 것 아닌가?

A. 스마트 오피스를 구축하게 되면 사원들의 행동이 보다 자유스러워져 노는 것 같아 보이고, 스마트 워크 센터나 변동 좌석제까지 도입할 경우 관리자는 자신의 부하들이 어디에서 무엇을 하는지 잘 모를 수 있다. 또 여기저기 끼리끼리 모여서 잡담하는 것으로 보일 수 있는 것도 사실이다.

따라서 스마트 오피스에서는 신뢰에 기반한 목표 관리 제도를 확립시키는 것이 중요하다. 명확한 업무 지시와 공정한 평가가 필요하고, 이를 위해서는 적절한 권한 위양과 책임 관리가 필요하다. 스마트 오피스의 도입은 고객 중심의 현장 업무 강화, 다양한 커뮤니케이션 수단을 활용한 새로운 아이디어의 도출, 우연한 커뮤니케이션의 활성화를 통해 조직의 통합과 활성화 등을 기대하는 것이다. 하지만, 그런 것들은 모두 직원들이 신뢰 기반의 자율성을 발휘할 수 있을 때 가능한 이야기들이다. 탑 다운 방식의 타율적인 조직 문화를 바꿀 수 없다면, 스마트 오피스의 도입은 무임 승차자 Free Rider만 양산시켜 오히려 독이 될 수 있다.

Q6. 개인주의가 더욱 심화되어 오히려 팀워크가 약해질 것 같다. 위계질서가 흐트러지는 것 아닌가.

A. 기존의 업무 스타일과 비교를 하면 그렇게 느껴질 가능성이 많다. 중요한 것은 어떠한 스타일이 자신들의 업무 특성 및 다가오는 시대에 적합한 것인가라는 부분이다. 개인, 개성을 강조하는 업무 환경을 만들자는 주장은 이쪽이 보다 많은 창의적 결과를 창출할 수 있다고 보기 때문이다.

또한 개인주의와 이기주의를 구분하는 것도 필요하다. 더불어 기존과는 완전히 다른, 새로운 형태의 팀워크 형성도 가능하다는 것을 염두에 두어야 한다. 스마트 오피스를 구축할 경우 공식적으로 조직화된 고정 팀보다는 프로젝트별로 이합집산이 자유로운 팀의 구성 및 활용에 관심을 가지는 것이 좋다. 대부분의 화이트칼라 업무는 수직적인 조직보다는 수평적인 조직하에서 업무 생산성이 높아진다는 것도 염두에 두어야 할 것이다.

Q7. 개방된 공간은 어수선하여 집중하기 힘들 것 같다. 보안을 유지하기도 어려운 것 아닌가.

A. 스마트 오피스를 도입한 후에 어느 정도는 적응 기간이 필요하다. 처음에는 그런 이유로 불만을 제기하는 사람이 많지만, 시간이 흐르면 익숙해지기도 하고, 점차 폐쇄된 공간 보다는 개방된 공간을 선호하는 분위기로 바뀌는 경우가 많다. 답답한

사무실보다 시끄럽지만 개방된 커피숍에서 일하는 것을 선호하는 등, 이미 지금의 젊은 세대들은 열린 공간에 적응을 잘하고 있다. 필요시에는 집중 근무 공간과 같은 혼자만의 작업 공간을 일부 마련해 줌으로써 충분히 해결할 수 있는 문제이다. 스마트 오피스의 보안에 대한 이슈는 이중적이다. 클라우드 컴퓨팅 등을 도입할 경우 오히려 보안이 강화될 수 있고, 변동 좌석제를 도입하고 사내 커뮤니케이션을 장려할 경우 타 부서 사람들에게 업무 내용이 알려질 가능성이 있는 것도 사실이다. 그러나 사내에서 반드시 보안 유지가 필요한 업무는 생각보다 적으며, 오히려 오픈 커뮤니케이션을 통해 우연에 의한 또 다른 시너지 효과, 집단 지성의 발휘를 기대하는 것이 더 중요하다고 생각된다. 대부분의 경우 조직 내 정보의 공유는 조직 구성원들의 일체감과 연대감을 증진시켜 상호 협력적인 태도를 유발한다. 구더기가 무섭다고 장을 담그지 않을 수는 없는 일이고, 보안도 수단이지 목적은 아니다.

참고 문헌

1) 「똑똑하게 일하는 스마트 워크 시대 열린다」,《헤럴드경제》(2010. 7. 20.)

2) Coates, J., 「Long term technological trends and their implications for management」, 《*International Journal of Technology Management*》, (1997), 17, 579-595

3) 이인식 外, 『기술의 대융합』, (고즈윈, 2010)

4) 조광제, 「철학의 눈으로 본 매체」, 박이문 外(편저), 『미술관에서 인문학을 만나다』, (미술문화, 2010), pp. 179~2665) 브뤼노 라투르, 이세진 옮김, 『브뤼노 라투르의 과학인문학 편지』, (사월의 책, 2012)

6) 이재규, 『역사에서 경영을 만나다』, (도서출판 사과나무, 2008)

7) 피터스, T., 정성묵 옮김, 『미래를 경영하라』, (21세기북스, 2005)

8) 이재규, 『역사에서 경영을 만나다』, (도서출판 사과나무, 2008)

9) 고야마 류스케, 강신규 옮김, 『라이프 핵스』, (21세기북스, 2007)

10) 「재계 'work smart' 열풍 거세다」,《서울경제》(2009. 10. 9.); 「정준양 포스코 회장 '짧고 쉽고 명확하게 스마트하게 일하라'」,《한국일보》(2009. 9. 27)

11) 매기 잭슨, 왕수민 옮김, 『집중력의 탄생』, 다산북스, 2008)

12) 니콜라스 카, 최지향 옮김, 『생각하지 않는 사람들』, (청림출판, 2010)

13) 케빈 켈리, 이한음 옮김, 『기술의 충격』, 민음사, 2010)

14) 윤석철, 『경영, 경제, 인생』, (위즈덤하우스, 2005)

15) 해멀, G. & 브린, B., 권영설, 신희철, 김종식 옮김,『경영의 미래』, 세종서적. (2009)

16) 해멀, G. & 브린, B., 권영설, 신희철, 김종식 옮김,『경영의 미래』, 세종서적. (2009)

17) 앤드류 라제기, 이선혜, 신정길 옮김,『리들』, (명진출판, 2008)

18) 로버트 와이즈버그,『창의성*Creativity*』, (John Wiley & Sons, 2006)

19) Gary Latham,『*Work Motivation*』, (Sage Publications,Inc, 2007)

20) 日本 労働政策研究, 研修機構「ワーク・ライフ・バランスに関する企業の自主的な取り組みを促すための支援策」, (JILPT資料シリーズ, 2011), No.84

21) 일본경제신문사 편,『캐논 고수익 부활의 비밀』, (일본경제신문사, 2001)

22) West, A. P. & Wind, Y., 「Putting the Organization on Wheels: Workplace Design at SEI」, 《*California Management Review*》, (2007), 49(2), 138-153.

23) Porter, M.E.,『*Competitive Strategy*』, (New York: Free Press, 1980)

24) Barney, J.B.,『*Gaining and Sustaining Competitive Advantage*』, (2nd ed, Prentice Hal, 2002). 일본어 옮김, 岡田正大,『기업 전략론-경쟁 우위의 구축과 지속』, (다이아몬드사, 2003)

25) Pitts, R. A. and D. Lei,『*Strategic Management*』, 2nd ed, (South-Western College Publishing, 2000)

26) 藤本隆宏,「일본 기업의 능력, 지식, 숙련, 인재」, 伊丹敬之 등 편저,『일본의 기업 시스템』, 제2기 제4권, (有斐閣, 2006)

27) Hamel, G. and C. K. Prahalad, 「Strategic Intent」,《*Harvard Business Review*》, (1989, May-June), 63-76

28) Collis, D. J. and C. A. Montgomery, 『*Corporate Strategy: A Resource-Based Approach*』, (McGraw-Hill Companies, Inc., 1998)

29) 池田晃一,『일하는 장소가 사람들을 연결한다』, (日經BP社, 2011)

30) 오피스유스웨어매니지먼트연구회,『좋은 회사는 오피스가 다르다』, (NTT出版, 2012)

31) 三木光範,「오피스의 새로운 콘셉트: 지적(知的) 오피스 환경」,『일본 오피스 학회지』, (2009, Vol.1-2)

32) Nonaka & Takeuchi,『*The Knowledge Creating Company*』, (Oxford Univ. press, 1995), 일본어 옮김, 梅本勝博,『지식 창조 기업』, (동양경제신보사, 1996)

33) 뉴오피스추진협의회, '생산성 향상에 도움이 되는 공간의 활용에 대한 조사', (경제산업성 홈페이지, 2010)

34) 이 장의 내용은 필자가 삼성경제연구소 재직 시절 공동 연구자로 참여한 연구 보고서『워크 스마트 실천 전략 연구』(2011) 와『한국 기업의 워크 스마트 실천 방안』(2012)에서 공간 관리 관련 부분을 발췌하여 재정리한 것임.

35) Mahoney T. A, 「Productive Defined: The Relativity of Efficiency, Effectiveness, and Change」,『*Productivity in Organizations*』, (Campbell & Associates, Jossey-Bass, 1988)

36) 日本 社会経済生産性本部, 『ホワイトカラ─のインセンティブとモティベ─ション』, (社会経済 生産性本部, 1997)

37) 古川靖洋, 『情報化社会の生産性向上要因』, (千倉書房, 2006)

38) 中村圭介, 石田光男, 『ホワイトカラ─の仕事と成果』, (東洋経済新報社, 2005)

39) 中村圭介, 石田光男, 『ホワイトカラ─の仕事と成果』, (東洋経済新報社, 2005)

40) Tjosvold, Dean et al., 「Reflexivity for Team Innovation in China: The Contribution of Goal Interdependence」, 《Group & Organization Management》, (2004, 29), 540-559

41) Allen, T., 「Architecture and Communication among Product Development Engineers」, 《California Management Review》, (2007, 49(2)), 23-41.

42) Hoegl, M. & Proserpio, L., 「Team Member Proximity and Teamwork in Innovative Projects」, 《Research Policy》, (2004, 33), 1153-1165.

43) Allen, T. & Hauptman, O., 「The Influence of Communication Technologies on Organizational Structure」, 《Communication research》, (1989, 14(5)), 575-587.

44) 유우상, 최윤경, 「사무 공간 레이아웃에 따른 근무자의 시각적 교류에 관한연구」, 『한국 실내 디자인 학회 논문집』, (2005, 14(5)), 35-43.

45) Backhouse, A. & Drew, P., 「The Design Implications of Social Interaction in a Workplace Setting」, 『Environment and Planning B: Planning and Design』, (1992, 19), 573-584.

46) Stryker, J. & Farris, G., 『Designing the Workplace to Promote Face-to-Face Communication in R&D Project Teams: a Field Study』, (Mimeo, 2004)

47) 삼성경제연구소 홈페이지(http://www.seri.org) 이동형 회원의 제안으로 작성

48) Kampschroer, K. H. et al., 「Creating and Testing Workplace Strategy」, 《California Management Review》, (2007, 49(2)), 119-137.

49) Allen, T., 「Architecture and Communication among Product Development Engineers」, 《California Management Review》, (2007, 49(2)), 23-41.

50) Allen, T. & Henn, G. W., 『The Organization and Architecture of Innovation: Managing the Flow of Technology』, (Elsevier, 2006)

51) Arndt, M. & Einhorn, B., 「The 50 Most Innovative Companies」, 《Business Week》(2010. 4. 15.), 〈http://www.businessweek.com/magazine/content/10_17/b4175034779697.htm〉

52) Allen, T. & Henn, G. W., 『The Organization and Architecture of Innovation: Managing the Flow of Technology』, (Elsevier, 2006)

53) McCoy, J. & Evans, G., 「The Potential Role of the Physical Environment in Fostering Creativity」, 《Creativity Research Journal》, (2002, 14(3)), 409-426.

54) Ceylan, C. et al., 「Can the Office Environment Stimulate a Manager's Creativity?」, 《Human Factors and Ergonomics in Manufacturing》, (2008, 18(6)), 589-602.

55) Shibata, S., & Suzuki, N., 「Effects of an Indoor Plant on Creative Task Performance and Mood」, 《Scandinavian Journal of Psychology》, (2004, 45), 373-381.

56) Lohr, V. I. et. al., 「Interior Plants may Improve Worker Productivity and Reduce Stress in a Windowless Environment」, 《Journal of Environmental Horticulture》, (1996, 14(2)), 97-100.

57) Mehta, R., & Zhu, R., 「Blue or Red? Exploring the Effect of Color on Cognitive Task Performances」, 《Science》, (2009, 323(5918)), 1226-1229.

58) Wells, M. M., 「Office Clutter or Meaningful Personal Displays: The Role of Office Personalization in Employee and Organizational Well-being」, 《Journal of Environmental Psychology》, (2000, 20), 239-255.

59) Brunia, S. & Hartjes-Gosselink, A., 「Personalization in Non-Territorial Offices: a Study of a Human Need」, 《Journal of Corporate Real Estate》, (2009, 11(3)), 169 - 182.

60) Stokols, D. et al., 「Qualities of Work Environments That Promote Perceived Support for Creativity」, 《Creativity Research Journal》, (2002, 14(2)), 137-147.

61) Allen, T., 「Architecture and Communication among Product Development Engineers」, 《California Management Review》, (2007, 49(2)), 23-41.

62) 머니투데이, 삼성경제연구소, 『워크 스마트연구회』(2010. 5. 24.), 개최지: 삼성경제연구소

63) Stavrou, E. T., 「Flexible Work Bundles and Organizational Competitiveness: A Cross-national Study of the European Work Context」, 《Journal of Organizational Behavior》, (2005, 26), 923-947.

64) Eaton, C. E., 「If You Can Use Them: Flexibility Policies, Organizational Commitment, and Perceived Performance」, 《Industrial Relations》, (2003, 42(2)), 145-167.

65) Felstead, A. et al., 「Managerial Control of Employees Working at Home」, 《British Journal of Industrial Relations》, (2003, 41(2)), 241-264.

66) 장영철, 김현정, 이사름 (2012) 「지속적 변화: 유한킴벌리의 스마트 워크」, 『경영사학』, 제27집 제2호, (한국경영사학회, 2012)

스마트 오피스

1판 1쇄 찍음 2013년 2월 28일
1판 1쇄 펴냄 2013년 3월 8일

지은이 | 이병하, 박세정, 조현국
발행인 | 김세희
편집인 | 이현정
책임 편집 | 서은미
펴낸곳 | ㈜ 민음인

출판등록 | 2009. 10. 8 (제2009-000273호)
주소 | 135-887 서울 강남구 신사동 506 강남출판문화센터 5층
전화 | **영업부** 515-2000 **편집부** 3446-8774 **팩시밀리** 515-2007
홈페이지 | www.minumin.com